Walter Kraul

SPIELEN MIT FEUER UND ERDE

大地と遊ぶ 火と遊ぶ

Walter Kraul
Spielen mit Feuer und Erde

This book is published in Japan by arrangement with Verlag Freies Geistesleben GmbH through Jiyusha Publishing Co., Ltd.

シュタイナー学校の自然遊びシリーズII

大地と遊ぶ
火と遊ぶ

ヴァルター・クラウル――[著]
高橋弘子――[訳]

Walter Kraul

SPIELEN MIT
FEUER UND ERDE

地湧社《ぢゆうしゃ》

目次 CONTENTS

序文

　このシュタイナー学校の自然遊びシリーズの前書『水と遊ぶ 空気と遊ぶ』の中で述べたように、水や風は遊びに直接的に関わるものですが、大地（土・重力）や火を利用する遊びは、たいていは間接的にそれと関わることになります。しかしだからといって、こちらの遊びが楽しくないというわけではありません。
　もちろん、大地や火との遊びにはつねに危険が潜んでいるので、その危険を取り除かねばなりません。その際に重要なのは、子どもの年齢を考慮するということです。これらの遊びに加わる子どもには、ある程度の経験の積み重ねと器用さが必要になります。

　大地との遊びは、物質的な、特にその重さと関連するものが中心です。重さ、すなわち重力によって装置が動くものもあれば、巧妙な仕掛けで重力に逆らったり、重力の存在を知ったりするものもあります。
　火との遊びでは、単に火を燃やして遊ぶのではなく、炎の熱や光の働きを利用した遊びが登場します。とりわけ火の力によって動いたり、不思議な効果を生じさせる装置をここでは選びました。遊ぶ際には、なるべく火は小さくして、炎を目的に合わせた大きさにします。火の取り扱いには十分注意しましょう。それは、火を有意義に使う練習にもなります。

本書はシリーズ前書と同様に、好奇心の強い人には大いに刺激を与えることでしょう。遊具の作り方としては、簡単なものとむずかしいものを交互に紹介してあります。また、本書の趣旨は、あくまでも自然の法則の枠内で装置を自由に作り上げるためのヒントを与えるにとどまっています。細部に至るまでの詳しい作り方の指導書ではありません。

実際に装置を作るにあたっては、子どもだけでは無理で、大人や年長の子どもの手助けが必要になるでしょう。また遊びの本来の目的は、仕掛けがうまく作動するまで、十分に試してみることにあります。そのためには、単純な自然の法則を注意深く観察し、何が大事な点かを見極めることが必要です。ここでは理論が問題なのではありません。実践が大事なのです。作り上げた装置が、何らの狂いもなくうまく動けば、それで納得し、満足するのです。

なお本書は、シリーズ前書『水と遊ぶ 空気と遊ぶ』と同様に、子どもたちよりも、むしろお父さんやお母さんや学校の教師を対象として執筆されています。

第1部

大地と遊ぶ

大地《アース》と手っ取り早く遊ぶには、砂場や砂浜に行けばいいでしょう。そこには「形のもと」が存分にあり、水を混ぜればある程度固めることもできます。この遊びは、後にもっと実用的な作業につながります。たとえば子どもに、庭に自分の花壇を作ったらどうかと言ったら、どんなに喜ぶことでしょうか。

また年長の子どもなら、洞穴に連れていったり、鉱山を見学させます。そうした見学も、大地を痛烈に体験することなのです。

陶土であれ、粘土であれ、高価な蜜ロウであれ、現代の彫塑用材であれ、これらの素材をこねて何かを作り上げることは、言ってみれば大地との対決です。そうした素材を用いれば、わずかな分量でも、砂場より自由に、しかも芸術的に何かを形づくることができます。それにさまざまな色もつけられます。

冬になると、空から液体が固体に変化したものの贈り物があります。子どもたちは歓声をあげ、それでいろいろなものを作ります。雪ダルマ、雪のお城、雪洞、そして雪合戦もできます。雪を土などに代わるものと見なすなら、雪と遊ぶのも、大地との遊びに含まれると考えていいでしょう。

木材は、植物に覆われた大地、とくに空高く広葉や針のような葉を茂らせている大地とは無縁のものでしょうか？

それほど器用な人でなくとも、木材を使って何かの遊具を作れます。かつての冬の夜の農家では、そんな光景が見られました。当時はテレビもなく、人々は質素な生活をしていました。でも子どもたちは、想像性豊かに暮らしていたのです。

ザルツブルクの遊具博物館には、何かを語りかけてくるような遊

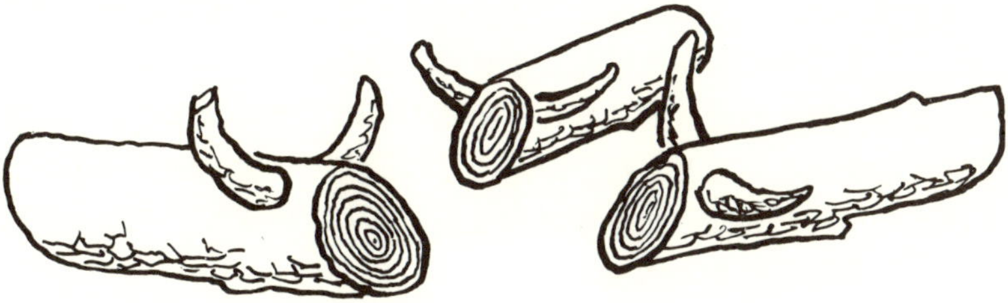

図1　枝で作った牛

具の見本が展示されています。それは、木の枝で作られた牛の群です（図1）。

シュタイナー幼稚園では、何の細工もほどこされていない自然のままの木の枝で遊びます。根っこもそのまま遊び道具になります。これらはどれも、広い意味で大地と関わる遊びです。

大地全体を球形とみなせば、それを小さくするとボールになります。ですからボール投げも、大地と関わる遊びと言っていいでしょう。キャッチボールでも、まりつきでも同じです。つまりボール遊びは、重力と対決する遊びなのです。

世界各国でさまざまな呼び方をされているおはじき、ビー玉、弾き石などの丸いものを利用した遊びも同様です。大人の楽しみであるボーリング、テニス、あるいは冬場の氷上カーリングも、みな重力を利用した遊びなのです。

さて、子どもの遊びに話を戻しましょう。さまざまなボール遊びから離れれば、忘れてはならない伝統遊具があります。たとえば、いろいろなスタイルがある起きあがり小法師、さまざまな形のあるコマ、揺れながら糸をよじ登る人気者のヨーヨー、そして垂直に立てて巧みに走らせる輪などです。

起きあがり小法師を除いて、伝統遊具で遊ぶにはちょっとした熟練がいります。これらの遊具は重力に逆らう動きをするので、だから驚かされるのです。それとも、現代の私たちは鈍感になってしまっているので、このような単純な現象には、もはや驚くこともないのでしょうか？

各遊具の説明にはいる前に、変化に富んだいろいろな種類のブランコにも言及しておかねばなりません。たとえばシーソー、なわのブランコ、遊園地などで見られる船型の回転ブランコなどです。ブランコに乗っていると、動きが逆になる地点で一瞬、無重力状態を体験し、もっとも低くなる地点で大きな重力を体験します。これは自分自身の体での重力体験です。

また、乳母車の車輪を両脇につけた大型の空き箱に乗って坂を下るのも、体を使った重力体験のひとつです（写真 2)。

写真 2

重さを量る

最初の遊びは、小さい子どもの誕生日にふさわしい遊びです。
まず台所で使うような秤を用意します。次に大きさ、形、材質が異なり、どれもほぼ同じ重さのものをいろいろ集めます。金属製のもの、木製のもの、厚紙でできているもの、石でできているもの、布製のものなど、何でもかまいません。たとえば本、クッション、食器、洗濯用品、あるいは食料品でもいいでしょう。
そこで子どもに、ふたつの質問を出します。
どれが一番軽いかな？　どれが一番重いかな？
これは、とても勘違いしやすい問題です。一番大きなものが一番軽かったり、一番小さなものが一番重かったりすることがあります。そこで、それらのものを子どもの手に持たせてから、秤に乗せて、正確な重さを量ります。

ドミノ倒し

ものを倒すことは、子どもたちを夢中にさせます。そうした遊びに、ドミノ倒しがあります。
よく知られている遊び方は、まずドミノの駒を適当な間隔をあけて一列に立てて並べ、最初の駒を指で倒すというものです。それが隣りの駒を倒し、それがまた隣の駒を倒し、というように次々に駒が倒れていき、全部の駒が倒れれば成功です。慣れてきたら、駒をカーブを描くように並べたり、枝分かれするように並べたり、工夫をするともっとおもしろくなります（図3）。
ところで、1984年にニュルンベルクのある学生が、280時間かけて30万個のドミノの駒を並べることに成功しました。全部並べきるまでの間、夜間にはネズミに倒されないように番をしなければなりませんでした。並べあげた30万個のドミノの駒は、その大部分がきっかり18分で倒れました。これは当時の世界新記録でした。
日本では将棋の駒を使って遊ばれてきましたが、駒を立てるときに指先の繊細な動きが必要で、体を使いこなす訓練ともなるでしょう。また、途中で一つでも倒してしまうと全部が倒れてしまって元の木阿弥になるという緊張感が、遊びの中で集中力を養うでしょう。記録を打ちたてる目的でなくとも、この将棋倒しという遊びは、とてもおもしろいものです。

また、積み木を使って高い塔を作り上げ、それを倒壊させるのもおもしろいものです。ドミノ倒しの駒が整然と倒れていくのに対して、積み木の塔は無秩序に崩れます。

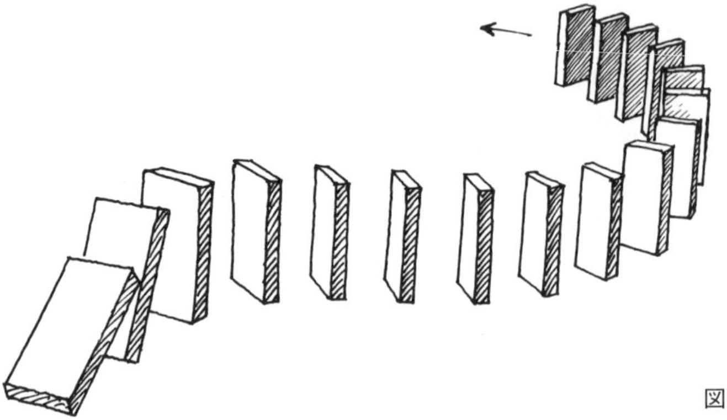

図 3

石浮かべ遊び

水に浮かぶ石があることをご存知ですか。それは「軽石」と呼ばれています。でも、ここで紹介するのは、数人の仲間で行うゲームで、とても興奮させられるものです。この遊びは、マーガレット・マーカース夫人の子どもたちによって考案されました。

このゲームには簡単な道具が必要です。まず、さまざまな大きさの石をひと山集めます。スモモぐらいの大きさの石から、大豆ほどの大きさの石です。それに水を張った大きなたらいと、浅い缶詰の空き缶が必要です。最後に、テーブルを傷つけないように、参加する子どもたちはそれぞれの前に皿を置きます。さて、ゲームを始めましょう。

はじめに、空き缶をたらいの中に浮かべます。そして順番に石の山から１つずつ石をとり、自分の皿に置いていきます。好ましいのは、まず小さい石からとりはじめて、次に中ぐらいの、そして最後に大きい石をとることです。そして最後の石をとった人が、その石を浮かんでいる缶に乗せるのです（図4）。

乗せる順は、石をとった順の反対です。ひとりずつ順番に、空き缶の「舟」に１つずつ石を乗せていきます。やがて危険な瞬間がやってきます。なぜなら、「舟」はそうたくさんの石を乗せることはできないからです。最後に石を乗せて「舟」を沈めた人が、水中に沈んだ石をすべて引きとらなくてはなりません。そして「舟」を浮かべなおし、その人からまた石を乗せていきます。このようにしてゲームを繰り返し、最初に自分の皿に石がなくなった人が勝ちです。

当然ですが、ゲームの間は誰も「舟」にさわってはいけません。もちろん、テーブルを揺らしてもいけません。

図4

起きあがり小法師《こぼし》

この遊具は、ドミノ倒しとは対照的なものです。手先が器用で、とくに日曜大工用の小型旋盤を使いこなせる人なら、起きあがり小法師は簡単に作れます。

起きあがり小法師は、下側を完全な半球状に作るのが理想的です。上側はできるだけ軽くし、その形はいろいろ考えられますが、ここでは、頭の上にカゴを乗せた女性の姿にしました。このカゴの中にオモリを入れていくと、女性の人形は倒れる寸前までゆっくりと揺れ、ついに倒れてしまいます。カゴの中のオモリを取り出すか、ころがり出てしまうと、人形はまた自分で起きあがります（図5）。

もっと簡単に起きあがり小法師を作るには、ピンポン玉を利用します。ピンポン玉を半分に切り、その半分に砂を詰め、丸く切った厚紙でふたをします。その上に、たとえば羊毛で作った軽い立ち人形（フライヤ・ヤフケ著『親子で楽しむ手づくりおもちゃ』地湧社刊参照）を乗せます。

ちなみに、船底にキール（垂直のひれのような竜骨）を備えた小舟を水に浮かばせると、水上の《起きあがり小法師》になります。

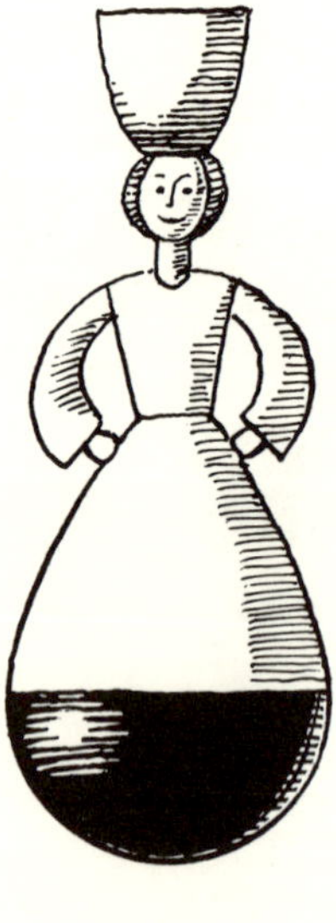

図5

ヨーヨー

ヨーヨーを作るのは、そうむずかしくありません。ヨーヨーは、日曜大工用の小型旋盤があれば、作りたくなる遊具のひとつです。小型旋盤を使えない場合には、同じ大きさの２枚の丸い板を見つけてきます。あるいは、自分で糸ノコをひいて板切れから丸い板を切りぬいてもいいでしょう。

この円板は、薄すぎてはいけません。なぜなら、円板は自らの重さによって回転を持続しなければならないからです。その慣性の力によって、ヨーヨーはひもをよじ登っていきます。ですから、厚紙では絶対にうまくいきません。

また、円板の内側の面は、なめらかでなければなりません。さもないと、ひもがこすれて、動きがとまってしまいます。

２枚の円板は、その中心部分を木製の軸で接合します。そのときに、ひもの一方の端を軸にはさみ込みます。このひもには、ナイロンなどのすべりのよい編みひもが最適です。ひもの長さは１メートルほどにし、端に指にかけるループを作れば、ヨーヨーはできあがりです（図6）。

最近、私は大きくて重いヨーヨーを手にしました。それには５メートルほどのひもがついていました。それを３階の吹き抜けの階段室からたらして遊んだのです。

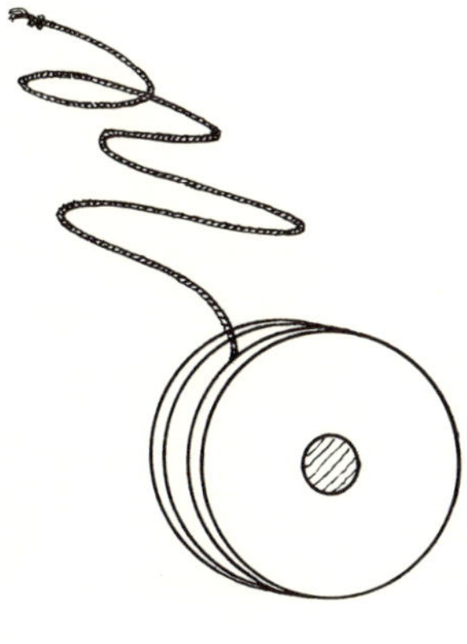

図6

コ マ

旋盤にかけて精巧に作られたコマの本体に、頭の丸い軸棒を打ち込めば、長くよく回るコマができます。昔は、むちを使って回して遊んだものでした。

おじいさんに聞けば、そうしたコマの回し方を教えてもらえるでしょう。おばあさんは、ディアボロ（空中ゴマ）の遊び方を知っているでしょう。今日の子どもたちは、どうしてそうした遊びをしないのでしょうか。

小型旋盤がない場合は、次のようにすればいいでしょう。修理不可能になった幼児用の木製の乗物の車輪を１つはずして、その軸受け穴に先端をとがらせたブナの枝を差し込んで接着剤で固定し、これを軸にします。それに鮮やかな色を塗れば、コマのできあがりです。下側の軸を長めにとれば、コマはとてもおもしろい動きをするようになります。

このコマを箱の中で回してみましょう。コマが周囲の壁にぶつかっても、動きがとまることはなく、おもしろいように跳ね返って回り続けます。この現象を利用した遊びがあります。

まず、箱を用意します。もう使わなくなった古いタンスの引き出しが最適でしょう。箱の内側に、通り抜けできるように門をつけた隔壁をはめ込み、少し傾斜させて箱を置きます。箱の端には、コマの繋留装置を取りつけるといいでしょう（図 7）。

コマにひもを巻きつけ、繋留装置に仕掛けてから、ひもを引いてコマを回し、スタートさせます。コマは回転しながら外壁にぶつかって跳ね返り、隔壁の通路を通り抜けて進み、縦横に動き回ります。

昔は、廃棄された乳母車の車輪をはずし、タイヤもはずして、その車輪のリムのところに棒を当てて、巧みに回転させて走らせている子どもたちの姿をよく見かけたものです。回して遊ぶところは、これもコマと同じです。なぜこうしたおもしろい遊びが現代ではすたれてしまったのでしょうか。

木製の球でコマを作ることもできます。このコマには驚くべき習性があります。回転している間に軸の先端を支点として立ち上がり、天地が逆になるのです（図8）。

この奇跡を起こすためには、コマの上部が重すぎてはいけません。そこで、木の球の一部分にドリルなどで小さなへこみを作っておきます。そこへ軸をさし込みます。コマに彩色すると、直立するとき、よりおもしろい効果が現れるでしょう。

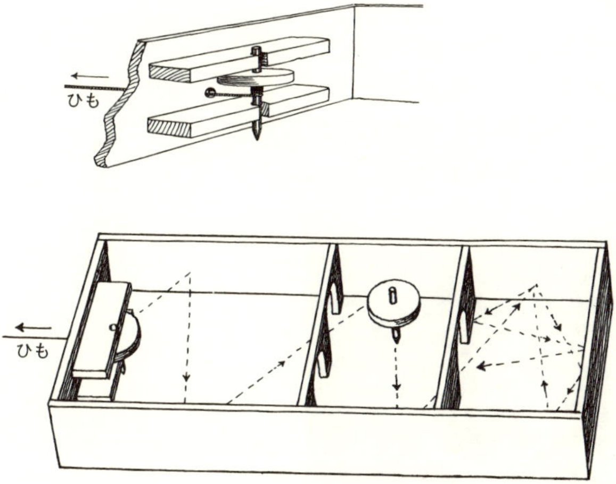

図7

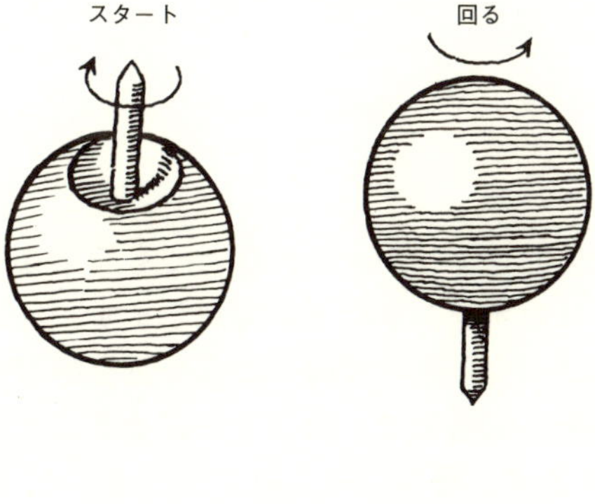

図8

日本の変わりコマ

コマにもいろいろなものがあります。日本には見て楽しむコマがあります。

木製の平べったいコマが、へりが少し高くなっている《木製の皿》の中央で回転します。そのコマに、2つの木製の小さい円盤を接触させると、中心のコマの回転にしたがって、皿の周辺をグルグル回転します（図9）。

この2つの円盤は その断面の形がそれぞれ異なり、大きさも異なっています。そのため、回りながら、一方が他方の下をくぐり抜けて追い越すといった芸当を見せてくれます。これは珍しいものなので、ここに紹介しておきました。

写真9

ツァプタラップ

ツァプタラップとは何でしょうか。これはとても簡単な遊びです。

まず、包装紙に包まれたオレンジを1個用意します。包装紙にくるまれたものがなければ、柔らかい縮緬《ちりめん》のような紙を利用することもできます。この包装紙か縮緬紙で、帽子をかぶせるようにオレンジをすっぽり包み込みます。好みでその紙に顔を描いてもいいでしょう。これでツァプタラップのできあがりです（図10）。

ツァプタラップは生きているのです！

このツァプタラップを平らな滑りやすいテーブルの上に置いて指で突くと、ツァプタラップは中のオレンジがごつごつしているために、とても独特な動きを見せながらテーブル上をころがり、見ている人は驚かされます。

図 10

糸巻き車

お母さんにはきっと、編み物をしていて毛糸玉を下に落としてしまったとき、立ち上がらずに毛糸をたぐり寄せて毛糸玉を拾いあげようとした経験があるでしょう。でも、たいていは失敗に終わります。気のきく子どもが毛糸玉を拾いあげてくれなければ、どんどんほどけて遠くへころがっていってしまいます。

糸巻き、それもほとんど糸がなくなっている糸巻きでは、事情は違います。糸をたくみにたぐり寄せると、糸巻きは手元にころがってきます。それどころか、ころがりながら糸を巻き上げます。一度試しにやってみるといいでしょう。糸巻きの下から出ている糸を床と平行にしてリズムを取ってたぐり寄せるのがコツです（図 11）。

残念ながら昨今では、昔ながらの糸巻きはますます少なくなってきていて、まれにしか見かけません。ですから糸巻きの代わりになるものを自分で作ってみるのもいいでしょう。

丸い心棒と、大きさの同じ2枚の円板を組み合わせて、糸巻きを作ります。心棒の直径と円板の直径の差が大きいほど、よく動きます。それに、糸巻き自体の重さもある程度あるほうがいいでしょう。
次の子どもの誕生日には、大きさの同じ糸巻きをいくつか作って、たぐり寄せる競走をしてみてはどうでしょうか。その前に練習は怠りなく。

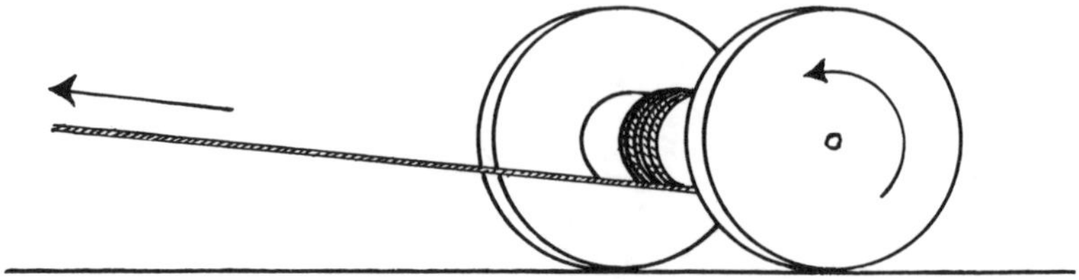

図11

歩くロボット

ここにご紹介する歩くロボットの原動力はオモリです。
［図12］は市販されている既製の歩くロボットのスケッチですが、この2つのロボットはつながっています。
先頭のロボットの鼻先に丈夫な長めの糸を結びつけて、そのもう一方の端にオモリをくくりつけます。この糸をテーブルのへりにかけてオモリをおろします。糸に引っぱられるとロボットは左右の足に交互に体重をかけるようにして、よたよたと前進します。ロボットの両足はそれぞれ少し前後に動く仕掛けになっていて、ロボットが左右のどちらかに傾くたびに、反対側の足を一歩ずつ前に出すのです。そして、テーブルの縁の一歩手前で動きをとめます。テーブルから落ちることは決してありません。
この歩くロボットを自分で作るのは非常にむずかしく、何度も試作しては失敗に終わるかもしれません。手づくりのコツは、オモリの重さ、ロボットの大きさと重心の位置、両足の可動性などですが、いずれも精確に調節して作り上げる必要があります。とくに足の底にあたる部分を丸く仕上げるのがコツです。

この歩くロボット作りに挑戦し、何度も失敗を重ねた挙句、ついにロボットがまるでぜんまい仕掛けのようにテーブルの縁まで歩いたときには、たまらない喜びの気分を味わうことでしょう。

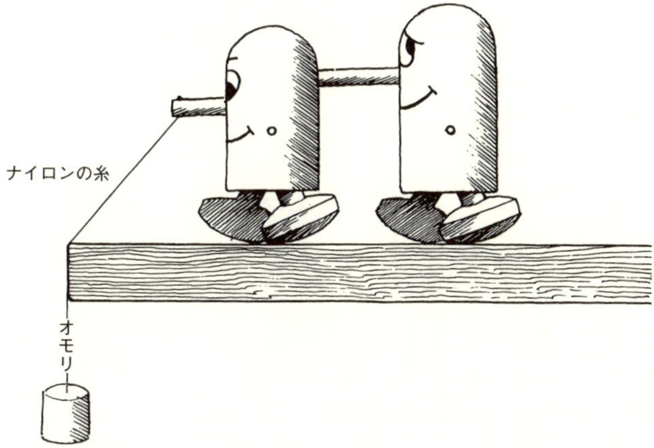

図12

これと似た古いおもちゃに、横になって板を下るロボットがあります。このロボットは片足が動かず、もう一方の足が動くようになっています。十分に考えてこのロボットを作れば、前に紹介した2体連結のロボットと同じように、ゆっくりと下に向かってよたよたと降りていきます（図13）。

このロボットも自分で作るとなると、かなりの試作を繰り返すことになるでしょう。

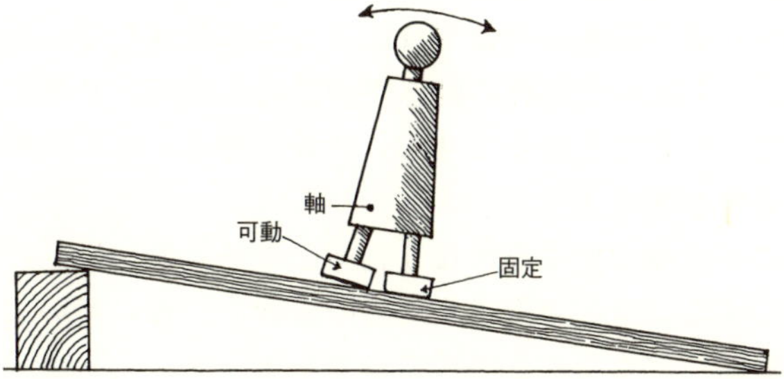

図13

考案：クリフ・ベック

平行棒体操

昔の遊具に、少し傾きのある平行棒の上を揺れ動く《体操選手》というものがあります。これは現在でも市販されていますから購入できますが、自分でもそれほど苦労せずに作れます。

広めの板の上に、少し勾配をつけて平行棒を据えつけます。そして、合板をノコギリで円形に切りとって《体操選手》を作ります。この円形の板の中心を少しはずれたところに穴を開け、丸い軸棒をさし通します（図 14）。

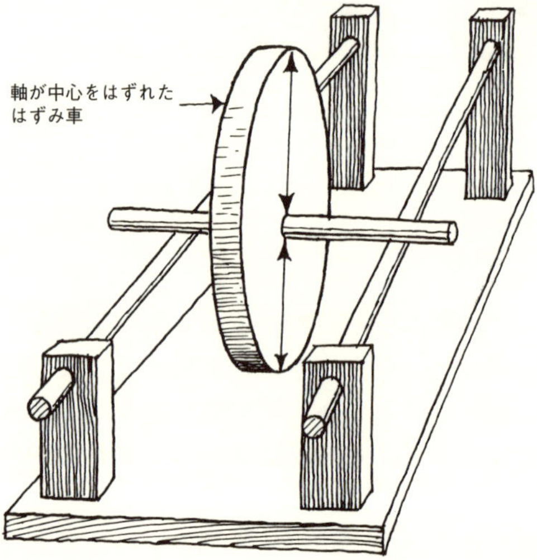

図 14

この円形の板に体操する人の絵を描いてもいいでしょう。軸棒は、すでに述べたように中心をはずれたところに位置していなければなりません。さもないと回転の動きが一様になって、リズミカルでなくなるのでおもしろくありません。始動させるには、円板を軽く突いてやる必要があります。

ちなみに平行棒の横木をかなり長くとって、低いほうの端が床につくようにすることもできます。その場合、円板が勢いよく床にぶつかった瞬間、どんなことが起こるでしょうか。

クーゲルバーン

球の通る軌道を作り、そこを通って球が地面にころがり落ちてゆくのを見るのは、楽しいものです。こうした仕掛けのものは、クーゲルバーンと呼ばれています。

しかし既製のクーゲルバーンは、遊びのもっとも大きな楽しみが奪われてしまっています。つまり、球が平らなところをうまくころがるか、坂をのぼるか、カーブのところで軌道から勢いよく飛び出てしまわないか、といったようなことを実際に何度も試して確かめてみる楽しみが奪われてしまっているのです。自分で作り上げたクーゲルバーンがちゃんと機能するまで、あれこれ工夫してみるのが、ワクワクしてきておもしろいのです。

クーゲルバーンの作り方は、たくさんあります。一番手っとり早いのは、市販されている砂場遊び用の溝つき軌道を購入することです。これにはカーブするところに球が飛び出さないようにバンク（傾斜）がついています。この軌道を砂場でつなぎ合わせて並べます。

この楽しい遊具を自分で作りたい人は、必ずしも旋盤などの工具を持っていなくてもかまいません。まず細長い板を用意し、その両側に縁木を釘で打ちつければ軌道のできあがりです（図15）。

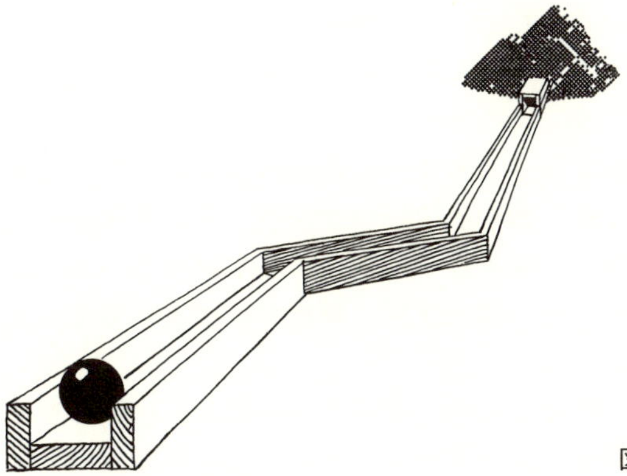

図15

もちろん軌道の幅は球の直径に合わせて決めます。カーブする部分は、板の両端をそれぞれ斜めに切ってつなぎ合わせます。こうして作った軌道なら、球は非常に安定してころがり、勢いあまって溝から飛び出すことはほとんどありません。

また、軌道を作るのに、細長い板の両端に細い角材などの縁を釘で打ちつけるかわりに接着剤で固定する方法をとれば、手間が省けます。カーブの部分では、外側だけ少し高い縁をつけておけばいいでしょう（図 16）。

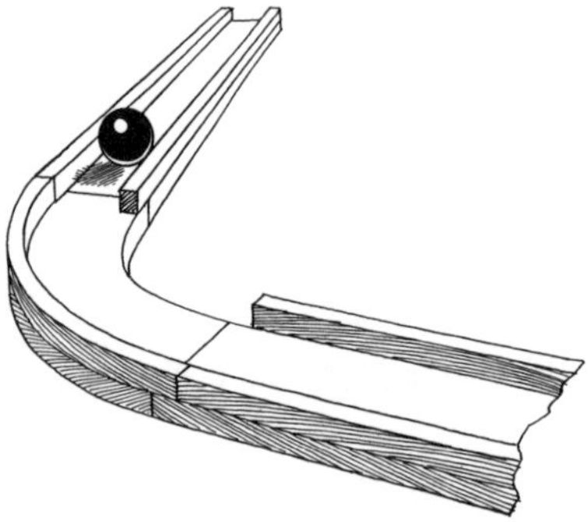

図 16

この作り方ですと、カーブの部分に少し不満が残りますが、砂場などの広場で遊ぶにはこれで十分です。これだけ作ることができれば、溝つき軌道作りの手始めとして十分でしょう。

ちなみに砂場で遊ぶのでしたら、砂の山を作ってそこに２つの溝つき軌道を上下に向かい合わせて重ねたものを通してトンネルとするのもいいでしょう。

ここで球について述べておきましょう。最初は市販されている陶器もしくはガラスの球を買い求めます。ボールベアリングを扱っている専門店になら、いろいろな大きさの鋼鉄の球が揃っています。品質の劣るものを選べば、安く買えます。鋼鉄の球は重いので、とくによくころがります。

家庭にも、この遊びに使えるものがあります。たとえば球形をした木製のものでもいいですし、グリーンピースなどの豆でもいいでしょう。すでに述べましたように、遊びに使う球の大きさによって、作る軌道の幅が決まります。

これまでは、木でといのようなものを作ってつなぎ合わせた軌道について述べてきました。この軌道に、より複雑な変化をつけるにはどうしたらいいでしょうか。何といっても問題となるのは、カーブの部分です。

手っとり早いのが、ゴム管を利用することです。お望みでしたら、たとえば砂場で、ゴム管だけで通路を作ることもできるでしょう。ただしゴム管の部分は、残念なことに、球がころがる様子は見られませんが、外に飛び出すことはありません。

そこで木製のといとゴム管を連結することが考えられます。直線部分には木製のといを使い、カーブの部分には、曲げやすいゴム管を使います。これには、電気屋さんが電線を敷設するときに使うゴム管を利用してもいいでしょう。これは、それぞれのいいところを組み合わせた折衷案《せっちゅうあん》です。ただし、木製のといとゴム管をうまく連結させられるかどうかは、作り手の技量にかかってきます。

この接続については、いろいろな方法が考えられますが、ゴムバンドを使って、[図 17] のように連結させるのも一案です。

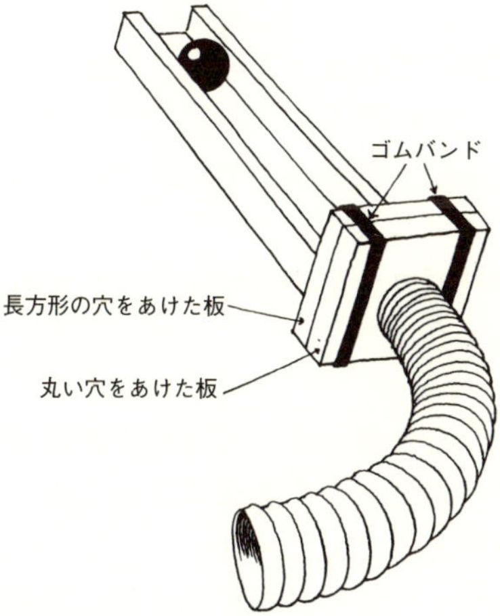

図 17

クーゲルバーンは砂場だけではなく、草地の斜面で遊ぶことも可能です。その際は、軌道がずり落ちないように、地面に棒を突き刺して支えにします。また、球が軌道から飛び出してもかまわなければ、カーブの部分をゴム管で作る必要はありません。

冬であっても、クーゲルバーンを作るのをあきらめる必要はありません。雪を盛りあげた山は、球をころがす溝を作るのに格好の場所となります。そればかりか、暖かい部屋の中でも工夫して軌道を作ることができます。何でも揃っている子ども部屋には、いろいろな形や大きさをした積み木がありますし、軌道を支える架台としての箱もあれば本もあります（図 18）。

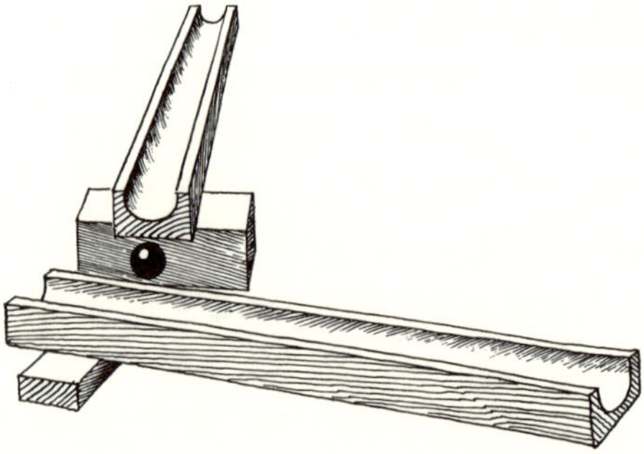

図 18

ただし問題は、特に重い鋼鉄製の球をころがすときに、軌道をどのように固定するかということです。この場合、文具店で売っている固形粘着剤あるいは粘着ワックスが役立ちます。場合によっては、太くて丈夫なゴムバンドや締め金《クランプ》も重宝します。

家の中で遊ぶなら、厚紙を折り曲げてカーブの部分を作り、それを木製のといにつなげてもいいでしょう。

病気が治りかけている子どもは、じっとおとなしくベッドの中で寝ていてはくれません。寝かせておくのに手をやきます。そうした子どもには、紙製の軌道を作らせたらどうでしょうか。

まず、ベッドの上に置く台として板もしくは合板、あるいは厚紙を用意します。次に、丈夫な紙（画用紙もしくは厚手の製図用紙）、ハサミ、接着剤、それに小さな球を数個そろえます。この球は、できれば自転車のベアリングの球が一番いいでしょう。材料が揃ったら、紙製の軌道づくりに取りかかります。クーゲルバーンは、軌道の下のほうから上へ向かって作り上げていきます。

最初に、紙でフタのない箱を作ります。これがあれば、軌道をころがり落ちた球がベッドの中に紛れ込むのを防げます。そのため、最初に作る紙製のといの一番下側の部分がこの箱にかかるようにします。

紙製のといの作り方は、断面の形によって3通りあります。V字形あるいはコの字形の断面のといにするには定規を使って折り曲げ、U字形のような半円形の断面にするには円筒状のもの、あるいは鉛筆などを当てて丸く曲げていきます。

さて、このといを下側から支えるために紙製の架台を作ります。この架台が折れ曲がったりしないように、そして安定性を高めるために、架台にする柱の下側を外に折り返すように開いて台にします。V字形やコの字形に折って補強した支柱を用いてもよいでしょう。実際に工業技術の分野では、薄鋼板を使って似たような形の支柱が作られています。

そのうちに、カーブを作りたくなります。V字形の軌道でカーブを作るのは簡単です。紙からカーブの部分を切りとり、中心線に沿って手で少しずつ折り曲げれば、カーブのできあがりです（図19）。

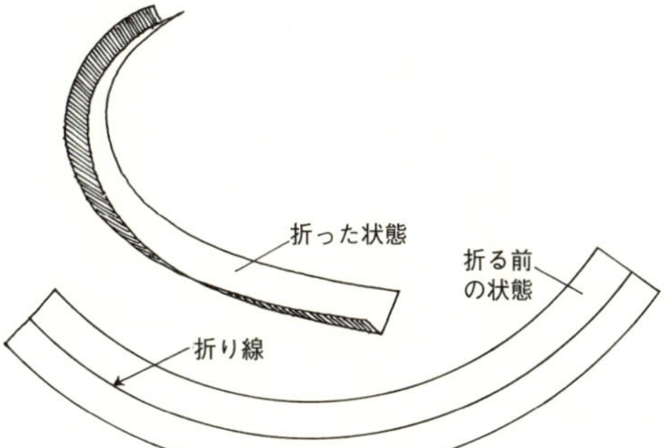

図19

コの字形の場合は、紙から幅をもたせてカーブの部分を切り取り、その両側の折り返し部分に切れ目を入れて、一片ずつ垂直に折り返します。そしてその部分を補強するために紙テープを貼ります（図20）。

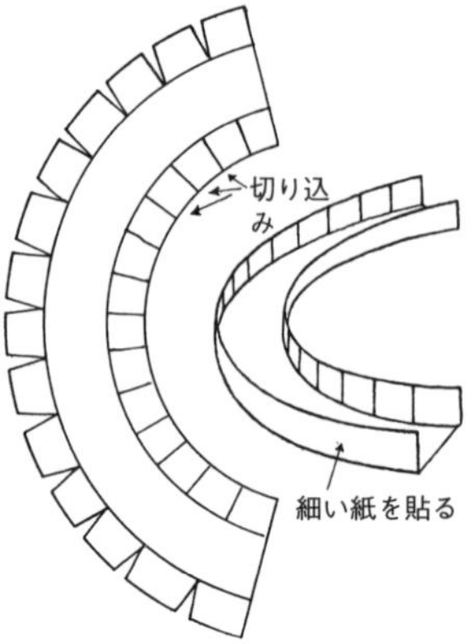

図 20

ただし、半円形のといの場合はなかなかうまく曲げられないかもしれません。

こうして作ったカーブの部分を直線部分のといに接合し、カーブ部分の下に支柱を立てます。こうしたことを繰り返せば、見事な紙製の軌道ができあがります。それは遊園地にある子ども電車の線路と見まがうものになるでしょう（図21）。

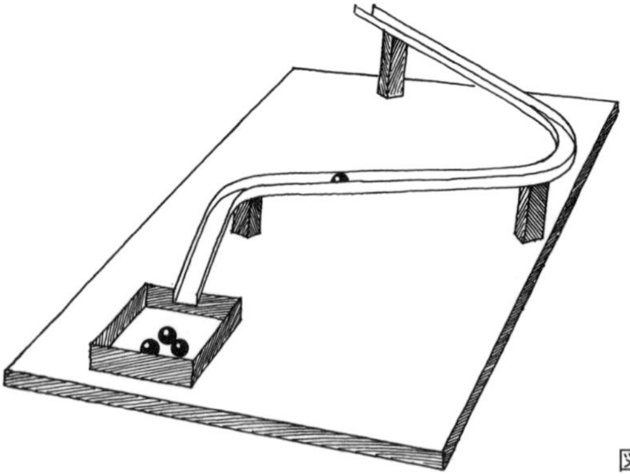

図 21

もちろん軌道の新しい部分を作り上げるごとに、うまく玉がころがるか十分に試してみなければなりません。試してみると、時として修正してみる必要が生じてきます。勾配が急すぎて球がカーブのところで飛び出してしまったり、あるいは球が途中で止まってしまってころがる勢いを失ってしまうこともあります。カーブのところで球が飛び出すのを防ぐには、カーブの部分の外側の側壁を高くするといいでしょう。また、支柱が折れ曲がってしまうこともあります。その場合には支柱を補強するか、梁をつけて安定させます。

最後に、最上部の球のスタート位置に、紙で作った漏斗状のものを据えつけます。そうすれば、小さな球をうまくスタートさせられます。著しい難点が生じたら、どこかに小さな細い木の棒を補ってみるなど、常に自分で打開策を考え出さねばなりません。

修正して作り上げたら、次々に球をころがしてみて、うまくころがり落ちるかどうか試してみます。十分に遊んだら、最初の経験を生かして新しいクーゲルバーン作りに挑戦してみるといいでしょう。あるいはそうこうしている間に病気もすっかり治って、戸外で元気に遊ぶようになるかもしれません。しかし、たいていの子どもは最初に作った軌道の骨組みに、第二の軌道を継ぎ足して規模を大きくしてみます。統一性はありませんが、それはそれで見事な作品です。

こうして変化をつけることは、とくに紙の軌道ならすぐにできることであると同時に、気楽なものでもあります。いずれにせよ、変化をつけるには、いろいろな可能性がありますのでどんどん試してみましょう（図22）。

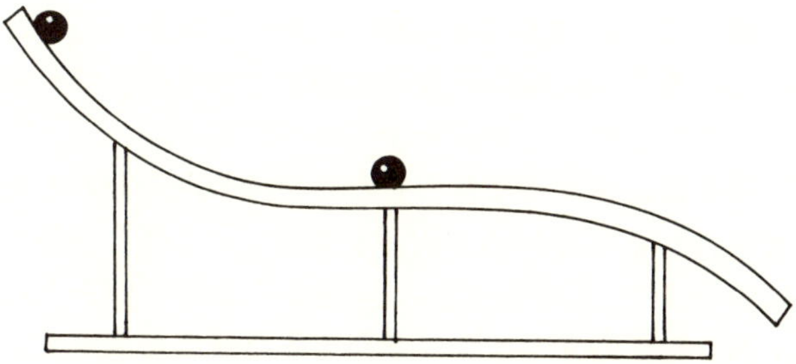

図22

あらゆるクーゲルバーンに共通して見られるのは、小さな窪みを作って変化をつけていることです。上からころがり落ちてきた球は、はずみがついているので、窪みを飛び越えて進むでしょう。
この窪みの部分に最初に球を1つ入れておき、上から同じ重さの球をころがすと、窪みの中にあった球は、上からころがり落ちてきた球に衝突されて窪みから出てころがりはじめ、上からころがり落ちてきた球は、窪みの中にとどまります。これをいくつもの球を用いて試してみるといいでしょう。
もう1つヒントを出しておきましょう。竹は、自然のクーゲルバーンの素材として使えます。

卵ころがし

この遊びの発祥の地はアルプス北縁の高原地方で、おそらく現在でもバイエルン地方の子どもたちの遊びになっています。できるだけ固くゆでた色とりどりの復活祭の卵が、勾配をつけた滑走路を自分の重みでころがり落ちます。
滑走路としては、同じ太さの2本の先のとがった棒を密着させたものを使います。最上部からころがり落とした卵は、だんだんスピードを速めて草地に着地します。下の草地にはもういくつもの卵がころがり落ちています。子どもたちは着地した自分の卵の上に、1ペニヒ（1円玉）を乗せておきます。子どもたちはそれぞれ秘術をつくして卵をスタートさせ、草地にあるできるだけ多くの卵にぶつかって、上に乗った1円玉を振り落とすようにします。
そのとき、卵が割れてはいけません。卵のスタート位置の高さと、卵の長さ（とがっている方の先端から丸みのある方の先端まで）によって、卵が草地をどれだけころがるかが左右されます。
草地に落ちた1円玉は、ぶつけて落とした卵の持ち主のものとなります。その子どもは、落ちている1円玉を集めて、1枚を着地した自分の卵の上に乗せます。次の子どもは、草地から自分の卵をとって、滑走路の最上部からころがします。そしてまた新たなドラマが

写真 23　撮影：エリカ・グロス・シュマハテンベルガー

展開されます（写真 23）。

この遊びは、夕方暗くなるまで、あるいは母親が呼びに来るまで続けられています。途中で卵が割れてしまったら、その子どもは急いで自宅に帰って新しいゆで卵を持ってきます。この遊びでは、どの子どもも持てる卵は 1 個です。

すべり台

これまでに紹介した遊びでは、球がころがり落ちるのを見て楽しみました。球はそのままころがり落ちるだけで、何かを動かすことはありませんでした。そこで今度は、ころがり落ちる球の習性を利用して何かを動かしてみましょう。それにはどうしたらいいでしょうか。

動かす乗り物として、たとえばマッチ箱の中箱を用います。すべり台は自分で作らねばなりません。かなり丈夫な紙もしくは薄手のボール紙を使って、マッチの中箱より少し幅の広いコの字形のといを作ります。

まず最初に、どのくらいの勾配が適当かを確かめるために、球をころがしてみます。球は、直径約２センチの鋼鉄の球を使います。

様子がつかめたら、すべり台の上に箱を置きます。箱の中に小さな人形を入れておけば、もっと楽しくなります（図 24）。

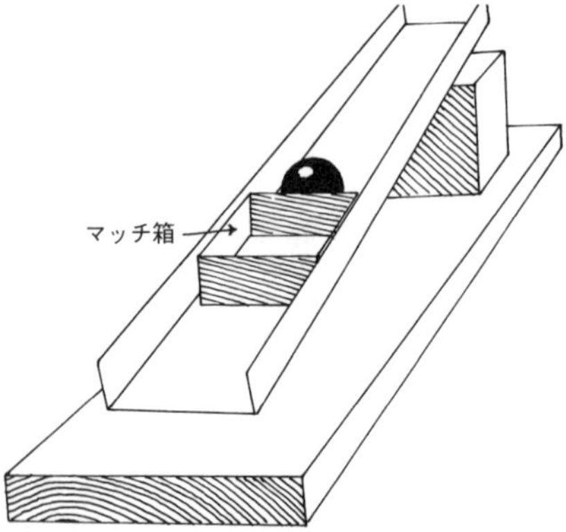

図 24

すべり台にカーブをつける場合には、箱がはさまらないように、カーブの部分の幅はやや広くとります。また、カーブの部分の内側の壁をはずしてもいいでしょう。球は遠心力によって外壁に沿うようにしてころがるので、内壁のないところから下に落ちてしまうことはありません。

前方が細長く尖っていてフタのついている箱なら、もっと素晴らしいでしょう。そうした箱は自分で簡単に作れます。箱の後部に球に合わせた円形の窪みをつけておくと最高です。

次に、このすべり台を支える木製の架台を作ります。この架台にすべり台の一方の端をかけて勾配をつけます。このすべり台に色を塗ればもっと素晴らしくなります。さらに料金所をこしらえて、料金を払ってから人形がすべるようにするのはどうでしょう。

創意工夫に富んだ大人の手助けがあれば、料金所からすべり台の上まで乗り物を運んでくれるベルトコンベアを作ってもらうといいでしょう。そうすれば、すべり台の上で乗り物のうしろに球を置くだけで、乗り物は下にすべりはじめます。

重力で動く自動車

先ほどのすべり台を、もっと洗練させることができます。厚手の紙を細長く切ってＵ字形にして、マッチの中箱の前部にはりつけます。その中に球を置きます。この場合には、台としてお盆を使います。お盆を少し傾けると、球は傾いたほうにころがり、箱を引っぱります。

もっと手のこんだ乗り物を作るとしたら、箱の後部に車輪を２つつけ、前部は車のボンネットのようにします。ボンネットは中に入れてある球を隠してくれるので、どうして動くのか見た目ではわかりません（図 25）。

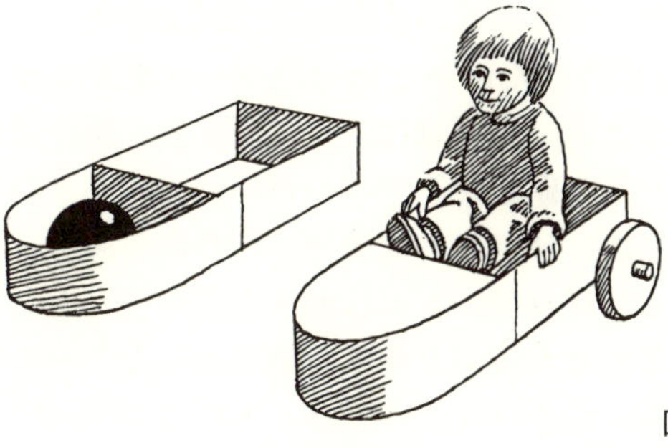

図 25

球は、ボンネットの側壁に触れながらすべるようにころがります。したがってこの部分の内側を鉛筆の芯などでこすってなめらかにしておくといいでしょう。これで重力で動く自動車のできあがりです。
もちろん、小さな人形を乗せてもいいでしょう。年の市の電気仕掛けの自動車が思い出されます。
これだけでも十分に遊べますが、もう少し工夫をこらしてみましょう。たいらな合板の上に障害物、たとえば割木、小旗、信号、門、トンネル、ガレージなどを据えつけます。合板の周囲にはお盆のようにへりをつけます。さもないと自動車が転落してしまいます。障害物を考えながら軽く板を傾けると、自動車は障害物を避けながら重力で動きまわります。

とんぼ返り人形

ずっと昔から遊ばれていて、今でもよく作られるのが、起きあがり小法師に似たとんぼ返り人形です。これは、傾きのある台の上ならどんなところでもとんぼ返りをします。とんぼ返りをさせるのは、頭の中に入れた重い球です。とんぼ返り人形を自分で作る場合には、次に述べる注意事項を守れば、うまく作れます。
まず、とんぼ返りの動力となるできるだけ重い球を用意します。次に、直径が球の直径より少し大きくて、長さは球の直径のほぼ2倍の厚紙の筒を用意し、これを頭にします。この筒の中に球を入れてから、筒の両端に頑丈な硬い布を貼りつけます。残りの部分は、自分で工夫して作ってみましょう（図26）。
まっすぐに伸びた両腕と両足のついた胴体部分を、布から裁断します。このとき、上半身は二重にします。頭の部分の筒には、顔を描きます。この頭を、上半身の首の部分に貼りつけ、首の部分の布を縫い込むか、はり合わせます。それから両手、場合によったら帽子、ひげもつければ、とんぼ返り人形のできあがりです。
この人形がとんぼ返りをする斜面は、もちろんなめらかすぎてはなりません。台がツルツルだと、人形はすべってしまい、とんぼ返りをしません。布で上張りしてあるような板が、この人形で遊ぶための台として適しています。どのくらいわずかな傾斜で、人形が見事にとんぼ返りするか、ワクワクしながら試してみましょう。

図 26

この人形は枕の上でも、アイロン台の上でも、デッキチェアの上でも、勾配のあるガレージの入口のところでも、とんぼ返りします。子どもたちは、他にもとんぼ返りさせられる場所をたくさん見いだすでしょう。

とんぼ返り人形は、既製品が売られていますので、買うこともできます。

ちなみにこの原理を応用して、楽しい実験をやってみましょう。大きさの異なる箱をいくつか用意し、その中に球をいくつか入れてフタをします。球を入れた箱を、勾配をつけた台の上に乗せると、箱はリズミカルな独特な動きを見せながら勾配を下っていきます。球が入っていることを知らない人は、その様子を見て、不思議議な動きをするのに驚くでしょう。

地球と月の公転遊び

球は鉄の球でなく、木製の球を使います。直径3〜6センチの木製の球があれば、それを使っておもしろくて、ためになる遊びが手軽にできます。

2つの木製の球に、環ネジを取りつけます（図27）。

図27

この環ネジに、小包用のしっかりした輪ゴムを結び、2つの球をつなぎます。一方の球を手にとり、それを動かしてテーブルの上に乗せたもう一方の球をグルグル回転させます。その際、輪ゴムがよじれます（図28）。

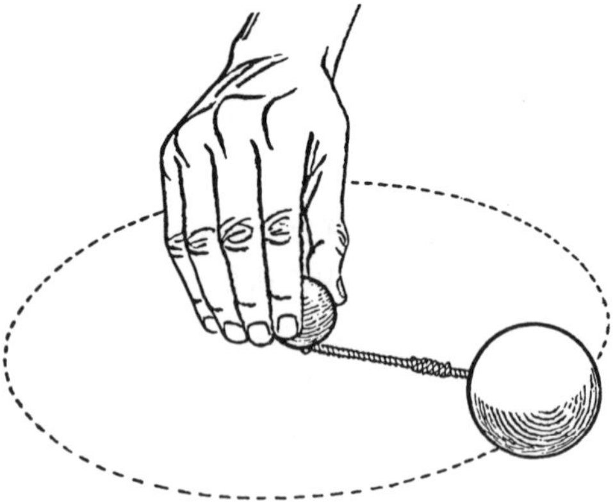

図28

輪ゴムが十分によじれたら、遊びの本番になります。

よじれたゴムでつながった2つの球を、平らなテーブルの上に置き、双方を軽くつついてみます。すると2つの球は、よじれたゴムが元に戻る作用で、交互に他方の球のまわりをまわるようにして回転します。

大きさの異なる球を2つ使うと、もっとおもしろくなります。小さな球は、大きな円を描いてまわり、大きな球は、小さな円を描いてまわります。2つの球は、共通の重心を中心としてそのまわりを回転するのです。

このことから何が学べるでしょうか。

これは地球と月の間の公転と自転運動のモデルなのです。つまり地球（大きい球）は、月（小さい球）をまるで目に見えないゴムバンドでくくりつけているかのように拘束していて、約28日間かけて、きわめてゆっくりと地球のまわりを公転させているのです。

ところで月の引力によって海水が移動し、それによって地球上に満潮が生じることはよく知られています。地球は24時間かけて1回自転します。しかし満潮は12時間ごとに生じます。つまり1日のうち、必ず2回満潮が起こることになります。

大小2つの球で実験してみると、大きな球（地球）は、ゴムバンドをピンと張った状態にしておくために、あたかも小さな球（月）から離れようとしているかに見えます。その際、大きな球は、小さな円を描いてまわります。この地球の回転運動（自転）によって、背面に遠心力が生じ、この遠心力が2回目の満潮を引き起こしているのです。

急傾斜の路面を走るケーブルカー

急斜面の軌道上の車輌を１本のケーブルで引き上げるのが、ケーブルカーです。たいていの場合、ケーブルのもう一方の端に２台目の下りの車輌をくくりつけて、２台同時に運転します。ケーブルは最上部の滑車を介して、方向転換します。この原理を応用して、すてきな遊具を作ってみましょう。

手っとり早く簡単なのは、まず、すべりやすい平らな板を床からテーブルに立てかけるようにして傾斜させます。次に、中に荷物や人形を積み込めるような車輌になるものを用意します。それに適した箱型の乗り物なら、おもちゃ用の戸棚をさがせば何かしら見つかるでしょう。この箱型車輌にひもをつけて、板の最上部に向けて引っぱりあげます。もちろん車輌にはお人形さんを乗せます。

次に、少し手のこんだ組み立てに取りかかります。まず、巻き上げ機を作ります。できればこれにラチェット（逆回転止めの爪）をつけて、車輌が急に転落したりしないように、また斜面の途中で停止できるようにします（図29）。

図29

さて、巻き上げ機のハンドルをまわして、車輌を上に引き上げてみましょう。ハンドルから手を離すと、車輌はそれ自体の重みでひとりでに下におりていきます。ブレーキは指でかけます。器用な人なら、巻き上げ機に機械仕掛けのブレーキを取りつけるといいでしょう。さらに本物のケーブルカーのように、路面の傾斜に合わせて、それを補整する傾斜した階段状の座席のついた特殊車輌を自分で作ってみるとよいでしょう。

車輌をひとりでに斜面を上っていかせることもできます。ひとりでにといっても、重力の働きを利用するのですが、そのためには、板の上端に滑車を取りつけ、ひもをそれに掛けて下に降ろし、先端にバケツを結びつけるのです。そして車輌が動きだすまで、バケツに砂か石を入れればいいのです（図 30）。

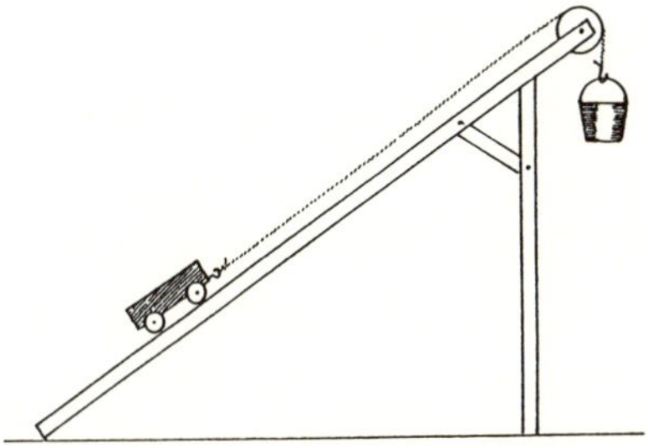

図 30

このくらい手のこんだものが作れるようなら、当然のように対面交通で車輌を上下させることも思いつくでしょう。それには、形はどうであれ、2つの車輌を作る必要があります。

対面交通の場合には、最上部の巻き上げ機は取り払って、その代わりに大きな滑車を取りつけ、それにひもをかけます（図 31）。

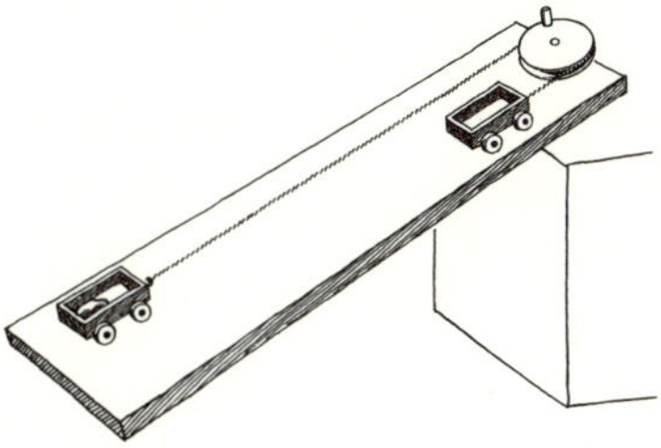

図 31

大きな滑車を１つ使う代わりに、小さめの滑車を２つ用いてもかまいません。問題は、上りの車輛と下りの車輛とが中央で衝突、接触しないようにすることです。そのためには、滑車に取っ手をつけて、それでまわすようにし、また各車輛ごとに２本の木の桟を板に釘で打ちつけ、そのガイドレールの間を車輛が走るようにします。各車輛ごとに１本の木の桟を板に釘で打ちつけ、それを車輪がまたぐようにしてもかまいません。

これで、対面折り返し交通の出発進行です。一方の車輛が下りると、他方の車輛が上ります。その様子は見事なものです！

上にいる車輛が、下にいる車輛よりも重ければ、重い車輛が下向きに動こうとする力が強くなるので、ひもでつながった二台の車輛は自力で動きます。したがって、上部の車輛に、重しとして適当な重さの石を乗せます。この車輛が下までさがったら石を取り出し、上の車輛に乗せかえます。これで再び出発進行です。

ここで注意しなければならないのは、最上部の滑車で適当なブレーキがかかるようにすることです。

本物の路線ケーブルカーは単線でできていて、中ほどに待避所が作られています。これを真似して作るのはやめたほうがいいでしょう。木製の模型で作る場合、摩擦抵抗が大きすぎるのでなかなかうまくいきません。

オーストリアのザルツブルクでは、長年にわたって、山の上にある城塞まで、重力を利用した路面ケーブルカーが運転されていました。車輛の床下が、水槽の構造に作られていて、乗客が乗り降りする間に、上側の車輛の水槽の水を満タンにし、下側の車輛の水槽を空にします。車掌がブレーキをゆるめると、ケーブルカーはひとりでに動きだしました。しかし今日では、このケーブルカーは電気で運転されています。

もちろん小さなモーターと熟練した腕さえあれば、自分で電気仕掛けの路面ケーブルカーを作って走らせることができます。

自重で動く空中ロープウェイ

急傾斜の路面を走るケーブルカーとは対照的に、こちらは空中のロープを伝わって動きます。車輌の上部には、必ずなめらかに回転する滑車を取りつけます（図32）。

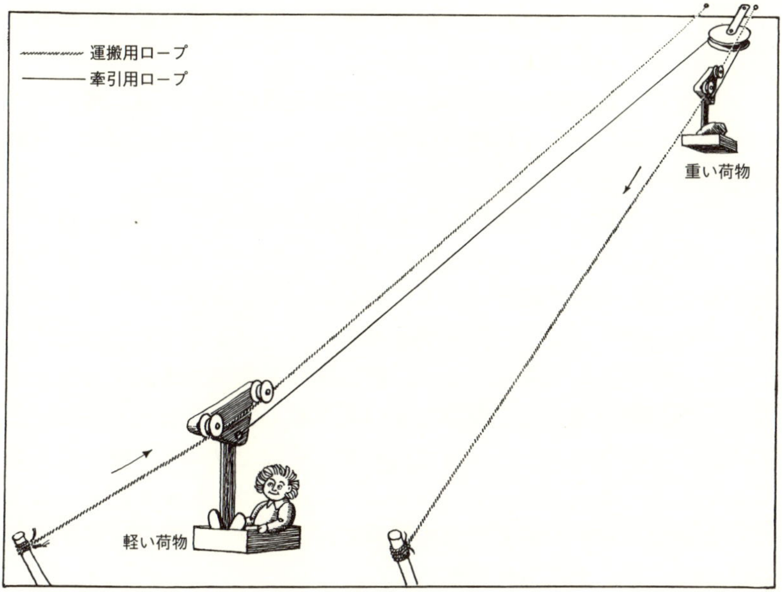

図32

注意することは、車輌が常に垂直にぶら下がるようにすることです。もちろん車輌の形や大きさは好きなように作ってかまいません。屋根のついたゴンドラにするのもいいでしょう。

車輌が完成したら、はじめに試運転をしてみます。まず、適当な長さのひもの一方の端をどこかにしっかりとくくりつけ、もう一方の端を手で持ち、ひもに車輌をぶら下げます。手にしているひもの端を、固定したもう一方の端より高くすると、車輌は自分の重みで向こうへ動いていき、逆に手にしているひもの端を低くすると、車輌はこちらに動いてきます。

それがうまくいったら、今度は長いロープをゆるく傾斜させて張り渡して、車輌を走らせてみます。自分も車輌の後を追いかけて走ります。さて、下のほうではどうなるでしょうか。

ロープがたるんで上り坂になり、車輌がひとりでに止まるかもしれません。あるいは少し頭を使って、下に到着した車輌を穏やかに受けとめる装置を考え出してもいいでしょう。車輌が猛スピードで下に到着するのでなければ、場合によったら木の枝に受けとめさせることも考えられます。

下に到着した車両を再びもとの上の出発点に戻すには、滑車のついた誘導台車にひもを結びつけておき、そのひもを引っぱって車輌を上に持ち上げます。

張り渡したロープの途中の数カ所に支柱を立てて、車輌がロープから《脱線》することなく支柱の上をゴーゴーと音をたてながら通過するようにうまく調節してみるのもいいでしょう。

このロープウェイで、対面交通の折り返し運転をするにはどうしたらいいか、考えてみましょう。前に紹介した自力走行するケーブルカーの対面交通では、難点が1つありました。すなわちスピードの調節ができないので、到着地点の少し手前でブレーキをかける必要がありました。しかしロープウェイの場合は、ロープがたるむことによって、ロープの上のほうは急傾斜になり、下のほうは平らになります。それがまさに好都合なのです。

ケーブルカーの項で述べたように、上にある車輌に重しを乗せると、その車輌は重さで下に降り、牽引ロープでつながれた下の軽い車輌は引っぱられて上に上ってゆきます。この牽引ロープも、ケーブルカーの場合と同じように、最上部の滑車によって方向を変えます。推進力となる上の車輌は、ロープが急傾斜なのでスタートするのに十分な力が得られ、それにともなって下の車輌も加速します。下側の終点の手前ではロープは平らになっているので、下る動きの推進力は減退し、2台の車輌ともスピードを落とします。

綿密に根気よく何度も試してみれば、2台の車輌を、ブレーキも補助手段も使わずに、上側と下側の終点にぴったり到着させられるようになります。これは素晴らしいことではありませんか。

上側と下側の基地に建物を作ってみましょう。上側の基地にいる子どもは、車輛に適当な重さの石を積み込み、下側の基地にいる子どもは、車輛に人形か何か驚かせるようなものを乗せます。人形やそれらの宝ものは、自動的に上に運ばれます。これはすてきな遊びです。

写真 33

オモリで動く時計

ここで紹介するのは、オモリで動く時計です。オモリを吊した鎖もしくはひもがドラムに巻きつけてあり、そのオモリの重さでドラムが回転します。この回転が、歯車装置を経て伝えられて、時計の針を動かすのです。

もちろん、軸のドラムに対して何らかの制動装置をつけなければ、時計の針はどんどん速く進んでしまうでしょう。オモリもあっという間に床にまで下がって、騒々しい音を立てるでしょう。

この知的な装置が正確に時を刻むには、振り子もしくは天秤が、重要な補助的役割を果たします。これが、機械時計の根本的な原理です。

必ずしも誰もが、時計の仕掛けを自分で考え出せるほど発明の才を備えているわけではありません。初心者としては、1つの時計の構造を覚え込んで、同じ仕組みのものを工夫しながら作っていくといいでしょう。将来、時計作りの職人になりたい人には、まずこのような方法から始めることをおすすめします。

写真 34　簡単な時計
（ハノーバー・ヴァルドルフ学校のウベ・ボッセの設計考案）

時計の本体の下側に、2つの小さな滑車を取りつけ、そこに2本のひもをかけ、右側のひもにはオモリを、左側のひもにはそれより少し軽いオモリをつるします。力は、分針のついた大きな運動車に伝わります。上に制動装置がついていて、これは長い振り子によって調節されています。その左側に突き出ている腕木は、伝導ひもを引っぱっています。下側のまん中の小さな滑車を通して、中央の円盤の時針は12対1に減速されます。[写真34]の時計は、11時6分を示しています。

球の自動運搬装置

これは自動的に球をころがし続けるクーゲルバーンです。この装置を動かすための動力には、大きな輪の軸につないだオモリが使われています。この回転力によって、大きな輪の周囲にもうけられた房室にある球が順々に輪の上のほうに運ばれていって、次々にころがり落ちるのです（写真35）。

写真35

この仕掛けは、一度動きだせば、すべて自動的に動きます。

上からころがり落ちてきた球は、最下段のといに落ちる寸前に、鍵盤（[写真35] の装置の右下参照）の上をころがり、球の重みで鍵盤を押し下げます。

この鍵盤は、はね板にとりつけてあり、鍵盤が下がると、はね板についている留め具が下がります。この留め具は輪についているスポークを押さえていたので、留め具が下に動くと、つっかえがはずれて輪が回転します。これと同時に、はね板の支点の反対側についている留め具が上に動き、すぐに輪の動きを止めます。

球が鍵盤を通り過ぎると、釣り合いをとるオモリによって、はね板はもとの位置にはね返り、はじめの留め具が新たに次のスポークを押さえます（図36)。

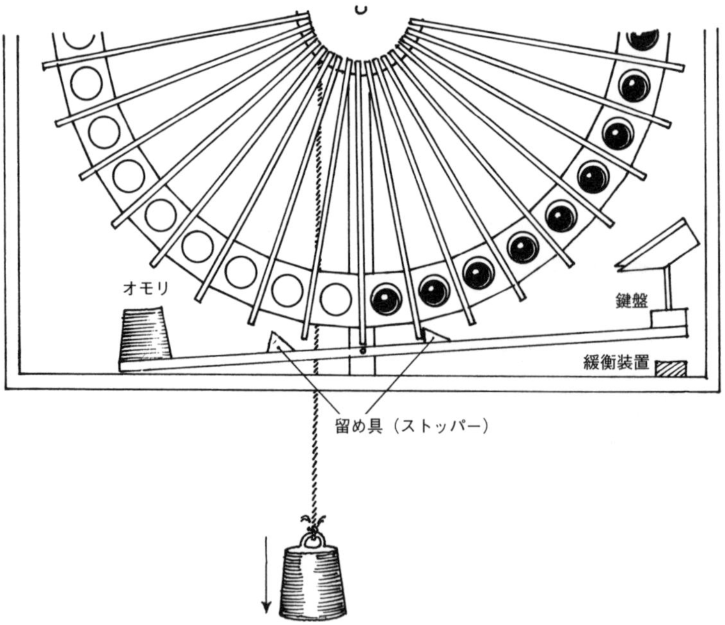

図36

この仕組みによって球が入る房室が１つ進み、次の球が入る房室が準備され、ころがり落ちてたまっていた球が１つ、この房室に入ります。こうして輪が少しずつ回転し、最上部にたどりついた球がといをころがり落ちて、鍵盤上を通るたびに、また１つ房室が先に進みます。

輪にセットしたオモリが１メートル下がるスペースがあれば、この装置は、約１時間ほど自動的に動き続けます。もちろんこの装置がある程度確実に働くようにするためには、あらかじめ何時間もかけて実験を繰り返す必要があります。

球のシーソー

これも、前に紹介した時計のように、オモリで動く仕組みになっています。といあるいは張り渡した２本のひもをシーソー運動させることで、乗せた球を行ったり来たりさせるのです。

このシーソーは、ひもをまいた小さなまわし車についているクランク棒によって動きます。その際、クランク棒は、シーソーの基板下部にある２つのストッパーがついた細長い切れ目の中をこするように動きます（図 37）。

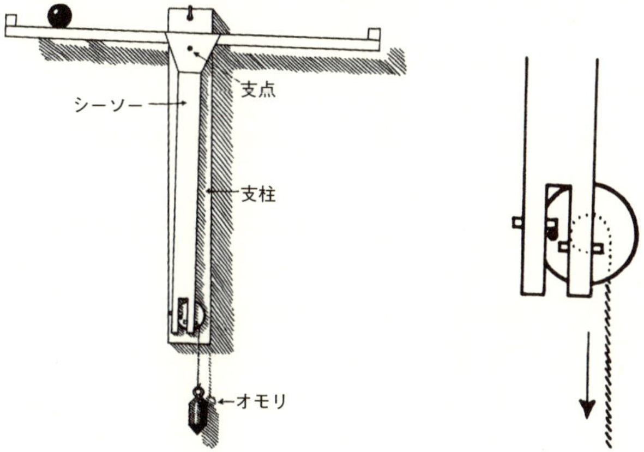

図 37

ころがった球によってシーソーは傾きを増してストッパーがはずれ、まわし車が回転することによってシーソーは反対側に傾きます。そうしてこの装置は自動的に左右に揺れ続けます。

球がころがる速度は、球を押し上げる高さによります。そしてこれは、クランク棒の位置を変えることで、簡単に変更できます。シーソー下部の基板の長さが20センチの場合、クランク棒の位置はまわし車の中心から半径3ミリもあれば十分です。それで、球はといの端から端までころがってくれるでしょう。

支点のネジをややきつめに締めることによって、シーソーにブレーキがかかります。そして左右に首を振る際に、ガタガタ音を立てません。円形のゴムを下敷きにしておくと、ブレーキのかかり具合を一定に保つことができます。

平衡について

バランスをとることは何とおもしろいことでしょうか！

木の幹や塀の上で、さらにはピーンと張ったロープの上で。

それは必ずしも高いところである必要はありません。長い棒を両手で持てば、うまくバランスがとれます。あるいは、棒を地面に立てて片手で持って、バランスをとることもできます。額を床につけて逆立ちしたり、爪先で立ったりしてバランスをとるとなると、これはもうアクロバットです。また、竹馬で歩くのも、バランスをとることになります。

これらはすべて重力を利用した遊びです。機会があれば、子どもは自然にこうした遊びに夢中になります。

小さなものでうまくバランスをとって遊ぶこともできます。たとえば、積み木を積み上げて塔を作り、さらにそれが崩れるまで高く積み上げていきます。崩れたら、また新たに挑戦し、今度はもっと高く積み上げたり、逆に底面をもっと狭くしたりします。トランプのカードで家を組み立てるのはよく知られている遊びです。これも、重さを巧みに利用したものです。

次に、何か先がとがったものの上で、物を揺り動かしてみます。たとえばコルクなどを台座にして編み棒を差し、その尖端でやってみましょう。この尖端に乗せた物がうまく揺れ動くようにするには、乗せた物体の重心が尖端より少し下にあればいいのです。

たとえば、人形をボートにすわらせ、両脇にそれぞれオモリ（ここではオール）をつけてみましょう（図 38）。

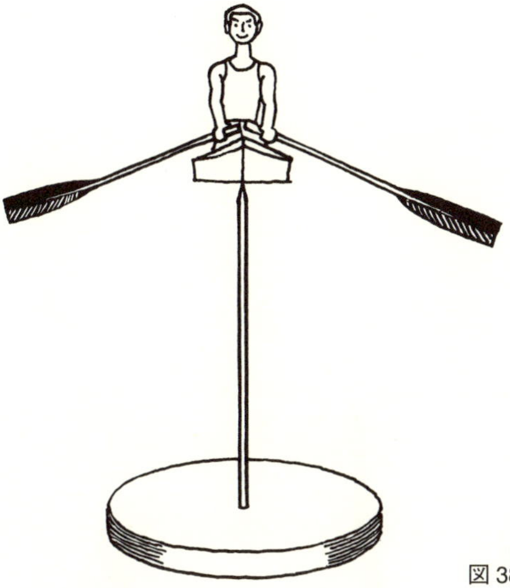

図 38

この人形が十分に軽く、オモリが十分に重ければ、ちょっとつついただけで尖端に乗った人形は、落ちるのではないかと心配するほど大きな振幅で、長い間左右に揺れ動きます。

今、紹介した玩具は、とがった先でバランスをとる起きあがり小法師のようなものです。小さなカゴに小石をいくつか入れて、オモリにすることもできます。人形が倒れない程度の重さの小石を入れます（図 39）。

さらにこの遊びにあった形のものとして、飛行機があります。オモリを主翼の下側につるしたエンジンの中に隠します。とても素晴らしい、本物そっくりの動きが見られます。

フェノメーナでのショーでは、張り渡したロープの上での自転車の曲乗りが見られました（写真40）。ゴムのタイヤははずされていて、溝のついた鉄の車輪でロープの上を走ります。自転車のハンドルは動きません。まん中にあるペダルのついている動輪にオモリがぶらさげてあるので、転落事故は起こりませんでした。これは、接点の下に重心をおくという前に述べた原理どおりです。この場合、重心はロープの下側にあります。

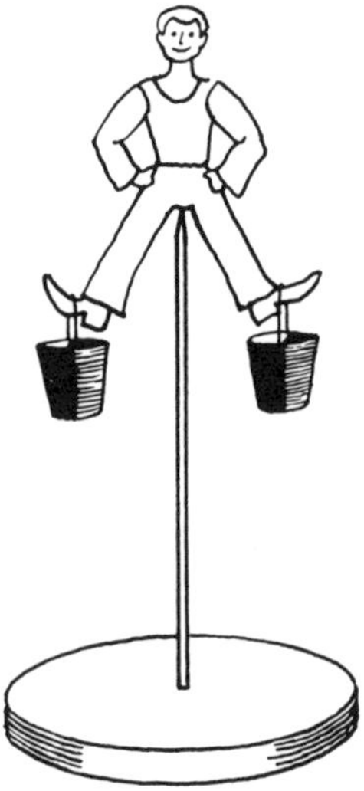

図39

写真40

根気のいるゲーム＝球の迷路

この遊びで思い出されるのは、中が見える小箱です。この箱の中に１つもしくは複数の球を入れ、箱を巧みに傾けたり、揺り動かしたりして、球をやっかいな位置に移動させる遊びです。

意欲のある人は、こうした箱を自分で考案して作ってみるといいでしょう。必ずしも箱にガラスのふたをつける必要はありません。どういうものを作るかはそれぞれの自由ですし、あまり凝る必要はないのです。たとえば、マッチの空き箱の中に紙テープを使って精巧な迷路を作りつけ、小さな球をいくつか入れ、箱を傾けたり、揺り動かして４つの球を四隅に持っていくことにしてもいいのです。

浅い木の箱の、ところどころに桟を接着剤で貼りつけ、桟のところどころに穴をあけた遊戯盤があります（図 41）。

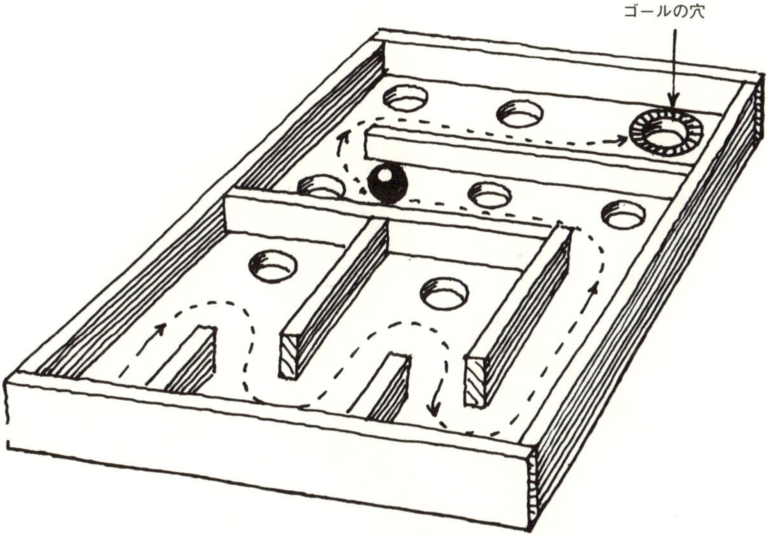

図 41

箱の底に球の進路が書いてあり、球をそれに沿って進ませます。その際、桟は球の通行を助け、穴は妨げとなります。こうした箱は既製のものが売られていますが、中には、ハンドルによって箱の中の桟を動かせる仕掛けになっているようなものもあります。これはとてもおもしろいものです。こうした仕掛けを使わないで、ただ両手で箱を操ってもいいでしょう。それによって手が器用になります。

難易度の異なる遊技盤をいくつか作ってみましょう。遊技盤には必ずへりをつけます。

この種の迷路は楽しいものです。球の進路はあらかじめ記されていなくて、ところどころに意地悪な穴があいていて、そのうえ袋小路もあるのです。球を穴に落とさないように、行き止まりにならないようにうまく進ませて、ゴールの穴に入れる競争をするのです。さて誰が一番早くゴールの穴に球を入れられるでしょうか。

ほかにも別の種類の根気のいるゲームがあります。これは球の動きを見て楽しむのでなく、音を聞くのです。

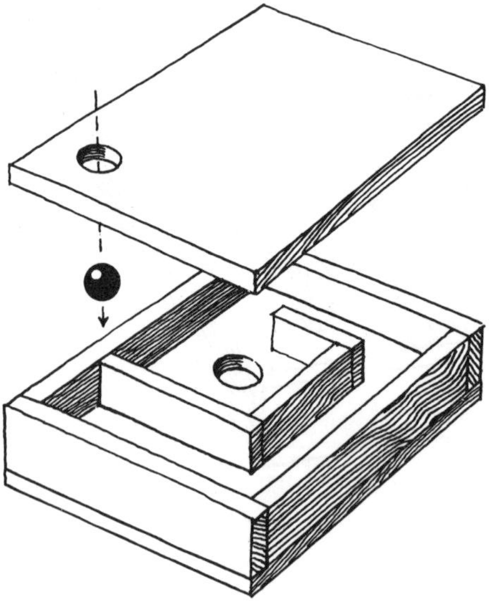

図 42

まず、今までに述べた遊技盤より小さめの板を用意し、これに球が通るぐらいの穴を１つ開けます。さらに周囲を囲って箱を作り、箱の中に接着剤で箱と同じ高さの桟を貼りつけ、迷路とします。底板と同じ大きさの板をもう１枚用意し、それにも球が通るぐらいの穴を１つ開け、これをふたにして接着剤で箱に貼りつけます。ただし、底板の穴とふたの穴の位置が重ならないようにします（図 42）。

できあがったら、ふたの穴から球を中に入れ、底板の穴から球が出てくるように、箱を傾けたり回転させたり、いろいろしてみます。この箱を作った人は中の球の通路を知っていますが、箱を作るときそばで見ていなかった友人は、通路がわからないので、底板の穴から球を出すのがむずかしくなります。箱を動かして球のころがる音を聞きわけ、それを頼りに中の構造を想像して、さらに箱をいろいろに動かしてみることになります。

この箱１つでは簡単すぎる場合は、もう１つ同じ大きさの迷路箱を作って、二段重ねにして貼り合わせます。三段重ねでもいいでしょう。ただ、友人はいっそう頭を悩ませることになります。

砂 車

砂時計では、砂がさらさら落下します。この砂の落下を利用して、水力と同じように車を回すことができます。シリーズの前書『水と遊ぶ 空気と遊ぶ』の中で紹介した水車は、どれも手から落とす砂によっても動かすことができます。手の代わりに漏斗を使えば、その中に乾いた砂をいっぱいにためておくこともできます。

この仕掛けをさらに精巧にすることもできます。［図 43］は、片側もしくは両側にガラスをはめ込んだ箱です。中には、砂車が作りつけられ、その上に漏斗があり、左側には砂の通路が作られています。砂は漏斗の開口部から下に落ち、車を回し、底に落ちてたまります。漏斗の中の砂が空っぽになったら、箱を時計回りと反対の方向に一回転させると、底にたまっていた砂は、左側の通路を通って、再び漏斗の中にたまり、砂車は落下する砂によって回転します。

砂車の本体は合板で作り、バケット型をした羽根は、厚手の紙で作ります。漏斗も通路も厚手の丈夫な紙で作ります。砂車の軸受けは、摩擦が小さくなるように注意して作ります。両側のふたには透明なアクリル板を使うことをおすすめします。これなら穴が開けられますし、針金で作った軸を受ける軸受けとすることもできます。

砂車の本体が軸からはずれないように、軸にビーズをつけて固定しましょう。ここで使う砂としては、動物店で売っている鳥かご用の砂が適しています。

抜け目ない人なら、この仕組みを秘密にしておくでしょう。つまり、砂車の部分だけを見えるようにして、漏斗や砂の落下するところを覆ってしまうのです。

この仕掛けをもっと秘密めいたものにするには、砂車の部分もすべて覆ってしまい（ただし「謎の解明」のために片側は覆わないでおきます）、そして軸を箱の外側に長く突き出して、その軸の回転によって何かを動かすようにします。たとえば関節のついた軽い器械体操人形を軸に取りつけてもいいでしょう。この仕組みを知らない友人は、どんな仕掛けで人形が動いているのか、それをつきとめるまで、どれだけ頭を悩ませることでしょう（図 44）。

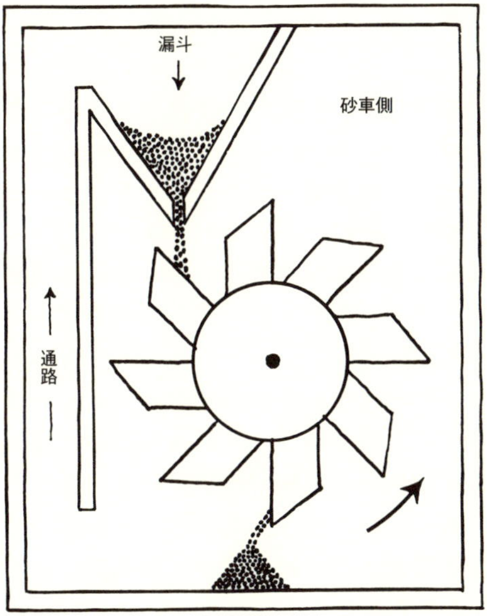

図 43

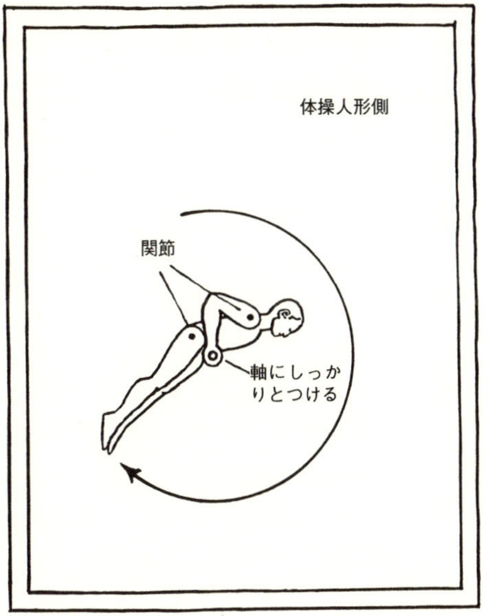

図 44

ソリのメリーゴーランド

ある面では、遊園地のメリーゴーランドやジェットコースターなども、重力を利用した遊びなのです。猛スピードで加速され、その遠心力の働きによって、私たちは自分自身の身体容積と重さを、これまでまったく知らなかった方法で体験しているのです。

第1部の大地（重力）を利用した遊びの締めくくりとして、筆者がある村で見かけた特殊なメリーゴーランドを紹介しておきましょう。

寒さの厳しいある冬のこと、その村の大きな池は凍りついていました。この池は村長の所有のもので、池のほとりに村長の屋敷が建っていました。そこに、古い大きな馬車の車輪が放置されていました。ある発明の才能のある男が、凍りついた平らな池の氷に穴を開けて、鉄の棒を池の底に垂直に突き立てると、棒は、池の底と氷に支えられて、グラグラせずにまっすぐ立ちました。氷の面から上には、先端が少し突き出ているだけです。彼は、この鉄の棒を軸として、それに車輪をはめ込み、氷の上を水平に回転するようにしました。この車輪にかなり長い棒を結びつけ、その棒の先端にソリをつなぎました。2本目の短めの棒は180度反対側に結びつけ、これでソリを動かします（写真45）。

子どもが1人か2人、ソリに乗ります。ほかの子どもたち、あるいは父母たちが、このメリーゴーランドを回転させます。スケート靴をはいているので、とてもスムーズです。

ソリはだんだんスピードを速めて、円を描いてまわります。ソリに乗っている子どもたちにとっては、最高の気分が味わえる遊びです。もちろん、ソリに乗るのは交代制です。

残念ながら、現在では冬のメリーゴーランドは設置されていません。一度事故があり、村長が中止を決定したのです。よく注意していないと、棒が膝に当たったり、ソリに轢かれてしまったりするのです。それにもかかわらず、この発明の才は十分に注目に値するので、ここに紹介しておきました。

写真 45

第2部

火と遊ぶ

冒頭でも述べたように、火と遊ぶといっても、そのままの意味でこの言葉を使っているわけではありません。それでも、この第２部のタイトルを見て、額にしわを寄せる人もいるでしょう。

もちろんマッチは、子どもたちの手の届かないところに保管して、子どもたちが内緒でマッチを持ち出して遊ぶことのないよう十分に注意します。子どもはまねをするものです。父親や母親がマッチを擦って火をつけるのを見ていれば、この不思議な手品のようなものを自分も一度試してみたい衝動にかられるでしょう。しかし、子どもがひとりでマッチを擦ったら、事故の原因になります！

人間は誰しも適当な年齢になってから、マッチを擦ること、火を使うことを覚えなければなりません。その際もっとも自然なのは、あらゆる物事を学習するときと同じように、遊びの中で覚えることです。

もちろん大人の監視は必要です。ちゃんと手はずを整えて、炎をあげる火についての知識を得れば、炎の特性を学び、火を扱うのにしかるべき注意を払えるようになるでしょう。

ここでは、自然の４大元素（地・水・火・風）の中で最も危険な火の特性を十分に用心深く知るにはどうしたらよいかを、提案したいと思います。

北部ドイツ、とくにバルト海沿岸では「フリント」と呼ばれる火打ち石が見つかります。このような鉄分を含む石を打ち合わせると、火花が飛び、特有の匂いが生じます。これが火との危険のない最初の出会いとなります。

そのあと、子どもに小さな火を見せる機会を利用して、ローソクの火に慣れさせる必要があります。多くの家庭では、祝祭日や何か祝い事があると、ローソクに火をともします。火をともしたローソクを飾って食事をすると、食卓の雰囲気が高まります。

火をともしたローソクのそばで、夕べの祈りが唱えられます。誕生日、待降節、クリスマスが、ローソクの火をともして祝われるのは、言うまでもありません。こうした慣習は、火を不可侵の畏敬に満ちた領域に押しあげます。そして、火という自然力に対する適切な根本感情が培われます。

ストーブを利用しているところでは、折に触れて焚き口を開いて、子どもに燃えているところをのぞき込ませ、輻射熱を感じとらせるといいでしょう。火力発電所を見学する機会があれば、のぞき穴を通して火室をのぞき込んだとき、強い衝撃を受けます。セントラルヒーティングの家庭なら、暖房用ボイラーで燃えている石油の炎を見せても、別に危険はありません。

とくに子どもを連れて製鉄所を見学するのは、なかなか許されるものではありません。それは理解できますが、残念なことです。でも、ガラス工場では、子ども連れであっても快く見学者を受け入れてくれます。熱で赤く溶け、さまざまな形となるガラスを見れば、きっと感動することでしょう。

今日では、石炭の火で鉄を鍛える鍛冶屋はほとんど見られなくなりました。それでも機会があれば、子どもを連れて、そうした鍛冶屋に行って、子どもに辛抱強く何時間も鍛冶の仕事ぶりを見学させるといいでしょう。

また、ドイツのあるローカル鉄道では、料金を払い予約すれば、蒸気機関車の機関士席に同乗させてくれ、石炭を燃やして機関車を走らせる体験をさせてくれます。こうした技術を知れば、子どもたちは火に対して必要な畏敬の念を抱くことになるでしょう。

いまだに多くの地方で、復活祭の日に火の輪を山からころがしたり、夏至や冬至の日に山の頂上や谷間で火を燃やす行事が行われています。子どもたちは、いつもより遅くまで寝ないで起きていてもしかられません。また、まだ先のほうがくすぶっている燃えさしの棒を素早く拾って、それで夜の闇に輪や八の字を描いても、誰も注意する人はいません。年長の子どもたちは火の上を飛び越えたりしますが、それでも誰にも小言はいわれません。ただしそうした機会には、火が燃えつきやすい化繊の衣服を着ないように注意します。

写真 46

次の週末には川べりに行き、子どもたちと一緒に焚き火をおこします。その火の上で、あるいは中で、ソーセージやリンゴやジャガイモを焼きます。

ボーイスカウトの子どもたちは、紙を使わずに火をおこします。それは彼らにとって当然のことであり、その火で彼らはたくさんの献立の野外料理をして楽しみます。

11月 11日の聖マルティン祭の夕方には、自分の子どもたちや近所の子どもたちと一緒に、歌を歌いながら《ちょうちん行列》をして歩きます。いうまでもなく、ちょうちんは自分たちで作っておきます。作り方はこのあとすぐに紹介します。

12月31日の大晦日には、もう花火は買わずに、たいまつを買います。雪がたくさん降り積もっている冬の林の中を、燃えるたいまつを手に通り抜けます。希望すれば、子どもたちにもたいまつを持たせてあげましょう。ただ、手に樹脂蝋がしたたり落ちるので、古い手袋をはめたほうがいいでしょう。たいまつの火は、暗闇の中に明るく輝く空間を作り上げ、歩くにつれて、それは移動します。

あらかじめ予定していたとおり、真夜中の12時頃に広々とした小高い丘の上に到着し、そこから、他の人たちが下で打ち上げる花火を見ます。

聖マルティン祭のちょうちん

ゴム風船をふくらませて口を閉じます。色とりどりのトランスパレント紙を風船のてっぺんから重なるようにしながら、壁紙用のノリで貼り合わせていき、風船の中央までの半球形になるようにします。そして吊り下げられるように縁にひもを貼りつけて、準備は終わりです。

ノリが完全に乾くまで待ってから、風船の空気を注意深く抜いて、ゴムを取り去ります。最後に、針金でこのちょうちんを棒に結び、半球形のちょうちんの底に食卓用ローソクを取りつけます。これは倒れないように、しっかり取りつけなければなりません。

11月に祝うマルティン祭では、夜このようなちょうちんをもって森などを歩きます。

ガーデンパーティー用のちょうちん

マルティン祭用に作ったちょうちんは、もちろんガーデンパーティーのちょうちんとしても用いることができますが、パーティー用に立ちちょうちんを作ることもできます。

それには、［図47］のように棒を結びつけて組み立て、これに半透明な紙を貼ります。これには和紙が適しています。中に皿もしくは板を敷き、その上に食卓用ローソクを置きます。夜中のガーデンを照らすこのちょうちんの眺めは、まったく素晴らしいものです。

この立ちちょうちんは、四角形にも、五角形にも組み立てられます。でももちろん、雨は大敵です。

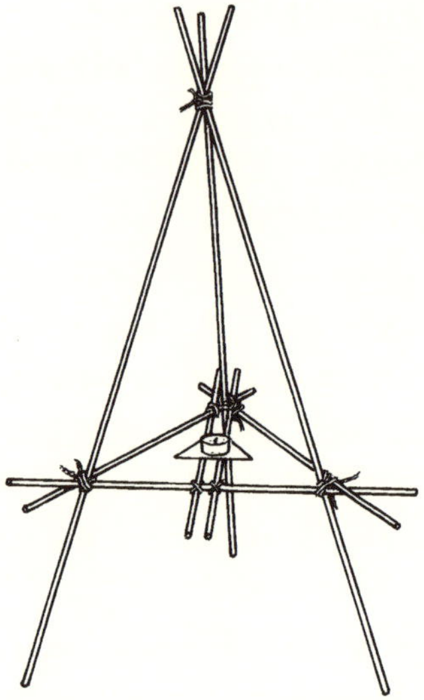

図 47

ローソクの炎を使った実験

普通のローソクの炎を使って、いろいろなことができます。

偉大な自然科学者ミヒャエル・ファラディーは、少年少女向きの『ろうそくの科学』という本を著していますが、私たちはそこからいろいろなことを学ぶことができます。これから紹介する実験のいくつかはファラディーの発案を借りたものです。

オレンジの皮をぎゅっと握って汁をローソクの炎に注ぐと、パチパチと音をたてて火花が飛び散ります。オレンジの皮に含まれているようなエーテルオイルは、横に小さな炎をあげて燃えますが、それもほんの一瞬のことで、すぐに炎は消えてしまいます。すぐにもう一度火をつけてみますと、さらに小さな花火のような炎があがりますが、それもすぐに消えてしまいます。

ローソクの炎の中で最も熱い部分はどこか、ご存知でしょうか。マッチの頭を炎の中央部に突っ込んでも、一瞬の間、発火しません。しかし炎の外縁や炎の上ではそうはいきません。マッチ棒を横にして、しばらく炎の中心に差し込んで支えていると、マッチ棒に焦げ跡が２個所できます。焦げたのは炎の外縁にあたっていた部分で、炎の中央にあった部分には、焦げ跡はできません。

２本のローソクに火をともします。1本のローソクの火を吹き消すと「煙」が立ちのぼりますが、そのときに、燃えている方のローソクを、吹き消したローソクの芯から立ちのぼる「煙」に近づけると、小さな炎が下にある消したローソクの芯に飛び移って、芯が再び燃え出します。これは目にもとまらぬほどの一瞬のできごとです。

ところで、炎はどれほどの距離を飛ぶのでしょうか。

この現象は、ローソクから生じる高温のガスが燃えることによって起こります。ちなみにこのガスは、蒼白色の光を発しています。暗闇では、この現象を見ることができます。このかすかな光を知覚するのが困難なのは、私たちの眼が普通は十分に暗さに慣れていないためであり、それにもう１本の燃えているローソクの光のまぶしさで眼がくらまされているからです。好奇心が強い人なら神秘的な蒼白色の輝きを眼にする方法を見出すでしょう。

金色や銀色をした装飾用のローソクがあります。そのローソクの一部を、熱して溶かしたロウの液体の中に入れて溶かすと、液体のロウの中に何が起こっているのが見えるでしょうか。

沈めたローソクの芯のあたりからうずが生じ、浮き上がった金銀粉は液体のロウの表面で外側に広がり、容器の縁で下降し、再び芯のところに戻る、という対流が起こります。装飾用のローソクのロウには、微少の金属片が含まれていて、その金属片が、この対流を眼に見えるものにしてくれるのです。

ローソクの炎の影を見たことのある人はいると思います。それは簡単に見えますし、見るだけの価値が十分にあります。

燃えているローソクを、白熱灯の光で照らしてみます。映写機の光であればもっといいでしょうし、もっと簡単にするならば、太陽の光でもかまいません。背後の壁に、ローソクとローソクの黒い芯の影が映ります。炎の部分は、周辺が明るい縞模様の灰色の薄い影となって映ります。

この縞が柔らかなカーテンのように揺れ動きます。この縞は高温の空気が上昇する影です。ローソクの炎に息を吹きかけたり、うちわであおいだりしてみると、ほんの短い間ですが、時折うずが見られます。

祭の照明

燃えない素材でお城を作ってみましょう。たとえば粘土や缶詰の空き缶などで。お城には、たくさんの窓をつけます。大きいのや小さいのや、丸い窓や四角い窓があってもいいでしょう。

暗くなってから、その中にテーブルローソクを置き、火をともします。これですてきな祭の照明のできあがりです。

もっと素晴らしくしようと思うなら、小さな鏡で装飾したり、窓に色のついたセロファンなどを貼りつけてみましょう。

流木にこの芸術品を乗せて、夜の川に浮かべたらどうでしょう。おそらく大勢の人が集まってくることでしょう。

回転螺旋《らせん》

もっとも簡単な《熱機関》として、回転螺旋を紹介しておきましょう。これはみずから動くものではなく、放熱器から上昇する暖かい空気の流れにのって動きます。これを作るのは簡単です。

まず、約 20 × 20 センチの大きさで、便箋よりも少し丈夫な紙を用意します。この紙に、フリーハンドでなめらかな、うずまきを描きます。うまく描けたら、線に沿ってそれを切り抜きます。これをつるすと、うずまきが垂れ下がります。その中心に、軸受けとして、へこみのある側を下にしてホックをはめ込みます。このホックのへこみを編み棒の先端にのせ、うずまきが回転できるようにします。

次に、この編み棒を立てる台が必要になります。そのために小さな板切れの中央に穴をあけ、そこに編み棒を差し込んで立てます。これですべて完成です（図 48）。

できあがったものを、放熱器あるいは暖炉の上に置くと、部屋を暖房しているかぎり、一冬中でも回転し続けます。螺旋の一番下側の部分は、少し下向きに曲げておきましょう。さもないと、回転運動にブレーキをかけることになります。

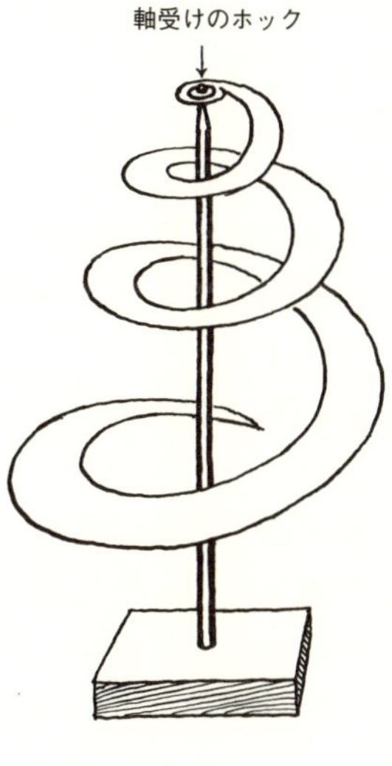

図 48

熱気流で動くメリーゴーランド

ドイツのエルツ山脈地方の古くからの「輸出品」であるクリスマスピラミッド（ロウソクをともすと灯籠のように回転するクリスマスの飾り物）を動かしているのは、ローソクの炎から上昇する暖かい空気の流れです。この原理を応用して、人形用の小さなメリーゴーランドを作ってみましょう。装置を確実に動かすためには、まずいくつかの仕掛けを知っておかねばなりません。

もっとも重要なのは軸受けで、これは動きをなめらかにするものです。前に紹介したホックを軸受けとして利用してもいいのですが、もっとよいものがほかにあります。編み棒を、内径４ミリの金属製のジャック（プラグの差し込み口）に差し込みます。これは電気器具店で売られています。この栓受けには外側にねじ山がついているので、うまく固定できます。

回転を引き起こす羽根板を支えるのがこしき（車輪の中央にあり、軸をはめる部分）です。ここで注意しなければならないのは、回転する部分の重心が軸受けの位置よりも下にくることです。すなわちジャックは、こしきの上側に突き出るようにします。また、編み棒の先端をきれいにとがらせれば、それだけ回転はなめらかになります。

羽根板は、薄い木材かブリキで作り、軸受けの摩擦を少なくするために、できるだけ軽くします。羽根板はプロペラのように少し斜めに傾けて取りつけます。羽根板につけた丸い軸材をこしきの穴に差し込んで、羽根板自体をねじることができるようにすれば最善です。ブリキ板は曲げられるので、もっと簡単に調節できます。何度か試してみて、もっともよい傾斜角度を探り出します。

回転部分を支える編み棒は、螺旋の時と同じように土台の板の上に立てます。

本体ができあがったら、試しに暖房器具（放熱器）の上に置いてみます。うまく回転したら、羽根の先端に糸を結びつけ、下に細い小さな板をつけてブランコを作ります（図 49）。このブランコに、小さくて軽い人形がすわるのです。人形は、メリーゴーランドに乗ってぐるぐる回転します。

筆者の住居にはかつて、セントラル・ヒーティングの放熱器の上にそうした人形のメリーゴーランドが置いてありました。人形たちは、一冬中、昼も夜も回り続けていました。

もちろん、エルツ山脈地方のクリスマスピラミッドのように、火をともしたローソクを下においてメリーゴーランドを回転させることもできます。ただし、ローソクの火に十分注意をしましょう。

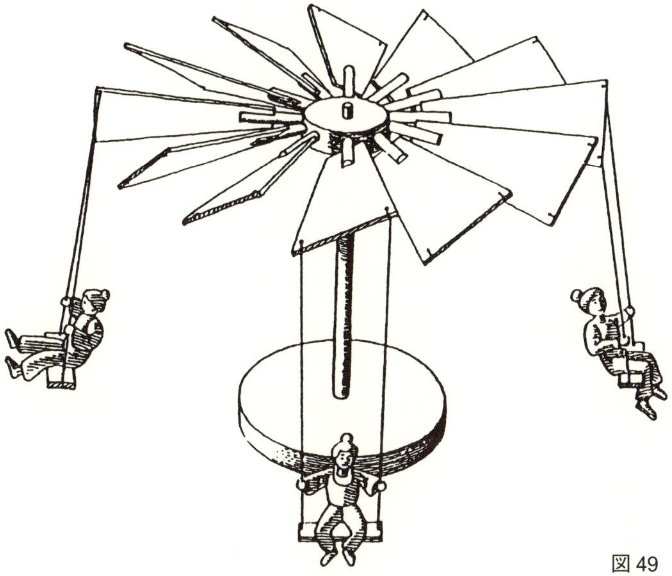

図 49

別の構造をひとつ示しておきましょう。まず針金で三脚を作り、その上部に針を立てます。その針に、かすかにふくらんだ円錐形の回転する傘を、帽子のようにかぶせます。この傘は、燃えないように金属の箔（錫箔など）で作ります。これに切り込みを入れて折り返しをつけ、上昇する暖かい空気が傘を回転させるようにします。この下に火をともしたローソクを置くと、小さなメリーゴーランドはすぐに回転し始めます（図 50）。

この傘の外側に、やはり不燃性の素材でできた細長い帯状のものを貼りつけ、下側を曲げて座席にします。ここに小さな軽い人形をすわらせると、人形は一緒に回転します。

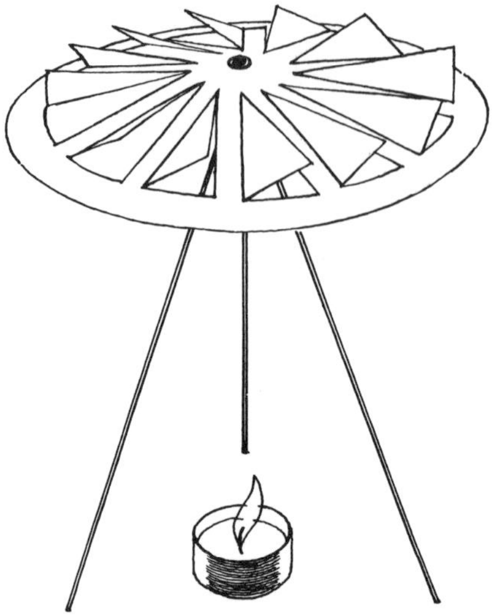

図 50

まわり灯籠《とうろう》

これはメリーゴーランドのバリエーションであり、作り方は前の人形のメリーゴーランドとほぼ同じです。この装置は１本のローソクで動きます。

まず、回転する装飾として、人形や動物の切り抜き細工を用意して、回転羽根に吊します（写真 51）。

できあがったメリーゴーランドの外側にトランスパレント紙を貼り、中にローソクを立てて火をともすと、人間や動物の影絵が映って、回転しながら動くのが見られます（写真 52）。

外側の紙に、木や花や垣根や家など、動かないものを切り抜いて貼りつけると、人間や動物の影絵がそのあいだを縫って動き、もっと魅力的なものとなります。クリスマス用の影絵のメリーゴーランドの題材としては、マリア様が幼児イエスと馬に乗ってエジプトへ逃避する場面が特に適しているでしょう。

この遊具では、回転を推進させる羽根としては薄いブリキ板がすすめられます。それに周囲の紙は土台にまで貼らないようにします。さもないと中のローソクに新鮮な空気が届きません。

このローソクの炎で動くメリーゴーランドは、部屋の天井にも光と影の像を映し出します。

写真 51

写真 52

熱気球

部屋の中であげる小さな気球を作るには、食料品店で果物を入れてくれる薄いプラスティックの袋が適しています。それに息を吹き込んでふくらませ、２本並んで燃えているローソクの上に注意深くかざします。しばらくすると、その袋はひとりでに天井のほうへと昇っていくでしょう。

大切なのは、袋に穴があいていないことです。また定価などの小さな紙が貼ってあるだけでも、重いのです。しかし袋の開口部にあたる部分にはほんの少しの重さは必要です。それがないと 、袋は手を放すとただちに向きを変えてひっくり返り、暖かい空気だけが上に昇っていってしまいます。

この遊びには慎重さが必要です。プラスティックの袋が熱くなりすぎると縮んでしまいます。それに、熱いプラスティックは皮膚に付着しますので、触れてはいけません。

次に、本物の熱気球を作ってみましょう。これは簡単な作業で作ることができるのですが、かなり長い時間がかかります。けれども暖気をいっぱいにはらんだ気球が上昇するのを眺めるのは、何にも代えられない体験です。ただし、これは幼児向きの遊びではありません！

気球の球皮の素材としては、トランスパレント紙を使います。紙の色は好みで選んでいいのですが、２色にすると、とても美しい気球ができあがります。

まず裁断図に従って、トランスパレント紙から６組の同じ大きさ、同じ形の型パーツを切りとります。本書では、寸法は通常のトランスパレント紙の寸法（50 × 76 センチ）の２枚分に合わせてあります。この際、厚紙で型紙をとっておき、それに合わせて切りとると、簡単で確実に同じものを切り抜くことができます。ついでに、もう１個分の予備の６組も切りとっておくとよいでしょう。もし気球が燃えてしまった場合、すぐに新しい気球がほしくなるからです。

型パーツは左右対称ですから、中心で半分に折った状態の型紙を

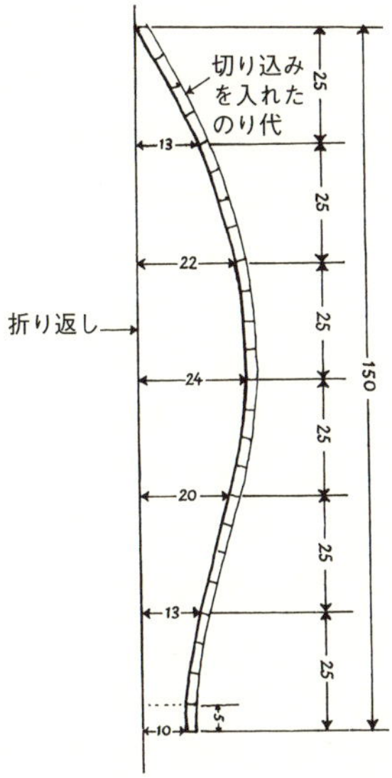

単位：cm
図53

作ります。つなぎ目の、のりしろの幅は１センチとります（図53）。
切り取った６組を、それぞれつなぎ目で貼り合わせます。最後のつなぎ目を貼り合わせれば、気球はほぼ完成です。そして下側の開口部には、丈夫な紙を貼って補強しておきましょう。この気球を運ぶときは折りたたむことができます。

さて、気球を火の上のほうへもっていきます。その際は十分に注意しましょう。気球が燃えても、おそらく大したことは起こりませんが、せっかく苦労して作り上げたものが燃えてしまったら残念です。

気球を初めて離陸させるときは、小さいガスバーナー（都市ガス用、プロパンガス用など）の炎か、キャンプ用の簡易ガスコンロの炎が適しています。天井の高い部屋か吹き抜けで行うのがいいでしょう。バーナーは不燃性の台座、たとえばブリキの板などの上に置きます。それに、一般の室内煙突の下部に切れ込みを入れたものをかぶせます。この切り込みから新鮮な空気が炎に供給されます。

気球を離陸させるには、最低２人の手が必要です。１人は気球を上から押さえ、もう１人は下から支えます。気球の開口部は、炎から少し離しておきます。暖気によって気球がふくらんだら、ゆっくりと、慎重に気球の開口部を下げていき、炎を気球の中に入れます。数秒後、気球は上昇していきます。このとき、うれしさのあまり、手元の炎から眼を離さないように注意すること！

野外で気球をあげるのは、そう簡単ではありません。原則として風のない日がいいのですが、微風は必ず吹いています。できれば、離陸地点として風の影響が少ない場所を選びましょう。たくさんの見物人が離陸地点のまわりを取り囲んだだけでも、いくらか風の影響を防げます。

熱気を送り込むには、キャンプ用のガスコンロを１つ、あるいは２つ使います。たき火の火でもいいのですが、その場合は、燃え上がる炎がおさまっておき火となるまで待ち、それを寄せ集めます。ブリキの板を曲げて円筒を作り、下側に通風用の切り込みをつけます (図 54)。

図 54 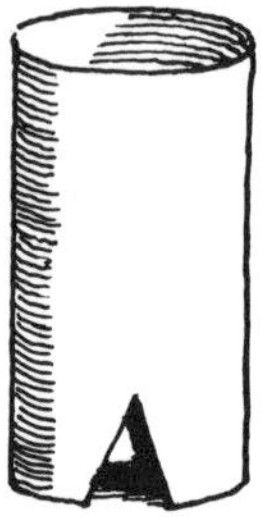 切れ込みをいれた管

室内煙突では小さすぎるでしょう。筆者はある園遊会で、大きな樽の中の火で気球をうまく上昇させたのを見たことがあります。

もちろん、森や林の中で火を燃やしてはなりません。森林火災の危険が大きすぎます。それにそんなところで気球をあげても、すぐに木にひっかかって、長く楽しむことはできません。

広々とした原っぱが、気球をあげるには適しています。ただ、近くに道路がない場所を選ぶようにします。近くに気球が降下してく

ると、自動車の運転手の注意が散漫になります。

上昇する気球が傾いたり、開口部が上に向いて気球の中の暖気が逃げてしまうこともあります。

この場合、気球の下側に、たとえば洗濯バサミのようなものをつけて重くしてバランスを保つ必要があります。あるいは、小さなカゴを針金でつるし、安定させるための小さな人形をその中に乗せてもいいでしょう。この人形は、素晴らしい展望を味わえるのです。

ここで示した気球の寸法を、同じ比率で大きくすることも、小さくすることも可能です。ただし、トランスパレント紙を使う場合、縦の長さを１メートル以下にはできません。なぜなら、気球はその容積の割に、重くなりすぎるからです。もっと軽い紙を使えば、もっと小さい気球を作ることも可能です。

寸法を２倍の長さにすると、気球は４倍重くなりますが、中に８倍の暖気が入るようになります。ですから気球はいっそうよく上昇し、それだけ敏感にもなります。

写真 55

開口部の下にバーナーを固定して気球を上げてはいけません。それは非常に危険なので、禁止されています。
予防策を講じて、用心に用心を重ねて気球を作った苦労も、気球が飛んでいく素晴らしいシーンを見れば十分に報われるでしょう。

太陽気球

これは、とても薄くて軽いプラスチック製の箔で作った黒くて太いソーセージ型繋留気球です。これに空気をたっぷり吹き込んで、日当たりのよい場所に置いておきます。
黒い色は太陽の熱を早く吸収し、中の空気を膨張させます。それで気球に浮力がつき、上昇します。気球がどこかに飛んでいってしまわないように、下側に長い糸をつけてつなぎ留めておきましょう。
これをあげるにも、風のない日が適しています。これは、火の熱ではなく太陽の熱を利用したものです。大人であれば、これは簡単なポリ袋で代用できます。

バイメタルのシーソー

バイメタルは、とてもおもしろいものです。これは細長い金属板で、時計のぜんまいのように巻いているものもあれば、まっすぐに伸びているものもあります。
バイメタルというのは、名前からもわかるとおり、2つの異なる金属片をしっかりと抱き合わせたものです。この2種の金属は、加熱したときの膨張率がそれぞれ異なるので、その結果として、バイメタルは曲がったり、もしくはうずの巻きがきつくなったりします。冷却すると、その反対の現象が生じます。
ここでは螺旋状のバイメタルを使って作れるおもしろい遊具を紹介しておきましょう。
まずシーソーを作り、両端に小さな人形を乗せます。このシーソーの支点の上に、テーブル用ローソクを置きます。そして、シーソーの上側に、炎をまたぐように針金のハンガーを装着し、このハンガーに螺旋状のバイメタルの一方の端を固定します。バイメタルのもう一方の端にはまっすぐな針金をハンダで接合し、この針金の先端に丸い玉を取りつけます。この玉は、オモリの役割を果たします。

バイメタルは、オモリが一方に傾いている状態で固定し、それによってシーソーが傾いた状態の時にバイメタルがローソクの芯の真上に位置するように取りつけます。

さて、ローソクに火をともします。炎がバイメタルを熱すると、それによって針金の先の丸い玉は反対側に移動し、それにつれてシーソーも逆側に下がります。この状態になると、バイメタルは炎の真上からはずれ、冷めていきます。すると丸い玉は再びもとの位置に移動し、シーソーも反対側に傾きます。これの繰り返しです（図 56）。

これは、たそがれどきのコーヒーテーブルにぴったりの遊びです。これをうまく作り上げられた人には、心からおめでとうを言いたいと思います。

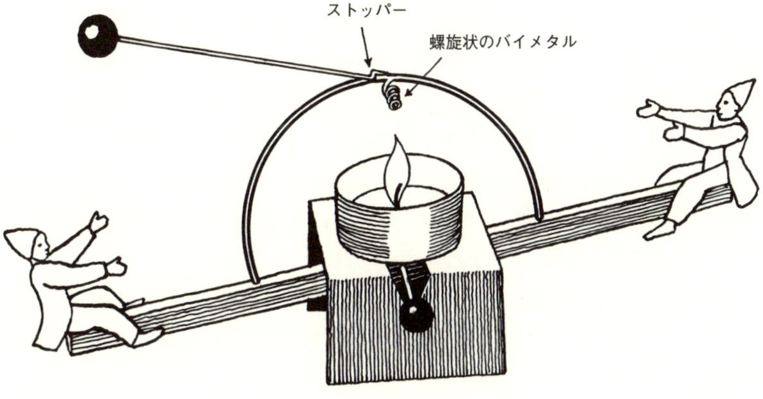

図 56

音を立てる管

約１メートルの長さの室内煙突を用意します。この煙突の一方の端から、全長の約３分の１のところに目の細かな金網をはめ込みます。これを垂直に支え、ガスバーナーかキャンプ用バーナーの強力な火力で金網が赤く灼熱するまで加熱します。そうして火からはずすと、大きな音をたて始め、驚くほど長い間、よく通る音が鳴りわたります。

これは、煙突の中を上昇する暖気が、金網の上方でうずとなり、煙突の中に振動を引き起こし、その音が聞こえるのです。これはオルガンの音管を火で吹奏しているようなものだと言えるでしょう。

影を利用した森の隠れんぼ

影絵芝居については、光源として炎を用いるのですから、これも火を用いた遊びのひとつと考えてもいいでしょう。電灯が発明される以前には、影絵芝居は火を使って演じられ、みんなを楽しませていました。でも、影絵芝居に火を使うのですから、かなりの危険がつきまといます。

ここでは別の影絵遊びを考えてみましょう。暗闇の中で、燃える火を前にしてすわった経験は、誰にでもあるでしょう。そばに何か物体があったりすると、その背後は薄暗くなります。それが影です。また、光源を慎重に動かしてみると、影が反対側に、光から遠ざかるように動くのが見られます。これはまったく単純明快なことなのですが、一度影の動きをきちんとした方法で知る必要があります。そうしたならば、筆者と同じように「これを遊びに利用しよう！」という気持ちになるでしょう。

そうして考え出して、何度も試作したのちに生まれたのが、《森の隠れんぼ》です。これはどういう仕掛けになっているのでしょうか。そのだいたいの作り方を紹介しておきましょう。

まず遊戯台として厚紙を１枚用意し、それに森の地面と同じような色を塗ります。その上に円をそれぞれ少し重なるように描いて、これを道とします。円の大きさはあとでふれるテーブル用ローソクの底と同じにします。

次に樹木を作ります。合板から先のとがった三角形を2枚切り取り、それぞれ上からと下からと切り込みを入れます。この2枚の三角形を十字に交差するように組み合わせて、1本の木にします（図57）。

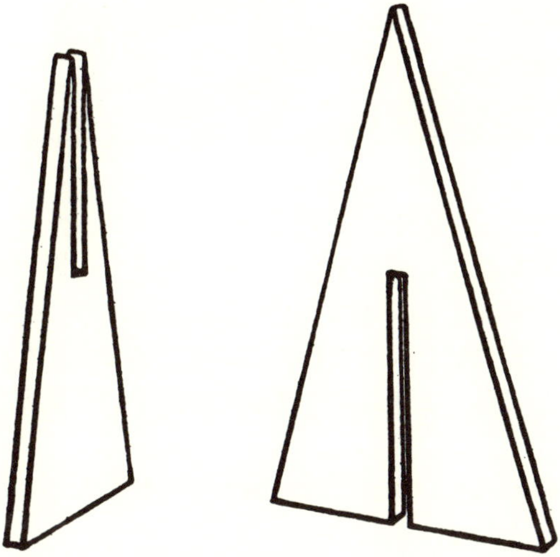

図57

この木にそれらしい色を塗り、森の地面の道以外のところに立てます。さらにサイコロがひとつと、チェスの駒がいくつか必要です。

さあ、部屋の中を暗くして、ゲームを始めます。大人がローソクを動かす役になり、テーブル用ローソクに火をともし、それを道になっている円の好きなところに置きます。そうしますと、樹木が地面に影を落とします。そこで大人は目をつぶるか後ろを向き、そのあいだに子どもたちは駒を樹木の影に隠します。隠し終わったら、大人はサイコロを投げて、その出た目の数の円だけ、どちらかの方向にローソクを進めます。駒が光に照らされたら、それで「見つかった」ことになります。どの駒が一番最後まで光に照らされずに隠れていられるかが勝負です（図 58)。

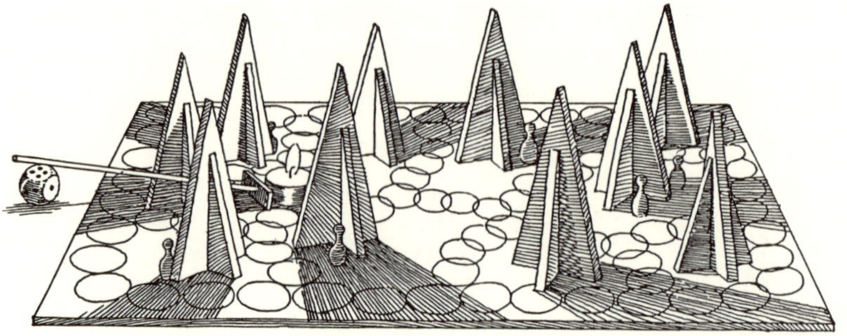

図 58

このゲームは、もっと複雑なものにすることもできます。影の中であれば、駒を移動させて光から逃げてもいいことにするのです。駒が隠れ場所を変えるときには、大人は目をつぶっています。ただし、駒を新しい隠れ場所に移すときには、光が照らしている地面を横切ってはなりません。

この遊びがなかなか終わらない場合には、樹木の本数をもっと増やすか、あるいは減らすかします。

どれかひとつの木を選んで上がりとし、影を通ってそこにたどり着けるように駒を自由に進められるようにします。また、ゲームの中ですべての駒が、光に照らされた部分の地面を通らないでどれか任意の１本の木の陰に集まるという条件をつけます。光に照らされた地面を通ってしまった駒は、その場から動けなくします。そして別の駒が影の部分だけを通って、動けなくなった駒のいる場所にたどり着けたら、その駒は呪縛から解放され、再び動けるようになります。呪縛されている間は、その場から動けません。

これらは《影を利用した森の隠れんぼ》のいくつかのバリエーションです。同じように光と影を利用した遊びを考案してみるとよいでしょう。

色のついた影

色のついた影を作るには、2本のローソクと、色のついたセロファン紙が必要です。

まず、2本のローソクから適当な距離のところに何かの物体、たとえばマッチ箱を置くと、影が2つできます。2つの影が重なっている部分は、真っ暗な本影になります。重なっていない部分は、半影になります。半影は、もうひとつの光によって多少明るくなっている場所です。この遊びをするときには、テーブルの上に白い紙を敷いて行うと、影がはっきりします。

さて、明るいと思えるほうの炎の前に、たとえば赤い色のついたセロファン紙を立てます。そうすると、周囲は赤く染まり、もう一方のローソクの炎が投げかける影の半影の部分も赤くなります。ところが、赤い光が作る半影の部分は薄い緑色になります。緑色の光はどこにもありません。逆に、一方の光を緑色にすると、それが作る半影の部分は赤くなります（図59）。

赤と緑は補色関係にあるので、このような現象が起きるのです。青とオレンジ色、黄色と淡紫色も補色関係にありますので、試してみましょう。

2本のローソクの火の前に1枚の色のついたセロファン紙を置いたらどうなるでしょうか。着色された影が生じます。

ここで紹介した遊びを発展させて、3本のローソクを使って、色の影を生じさせる実験をしてみるのもいいでしょう。この原理を応用して、色のついた影絵芝居などで遊ぶのはいかがでしょうか。

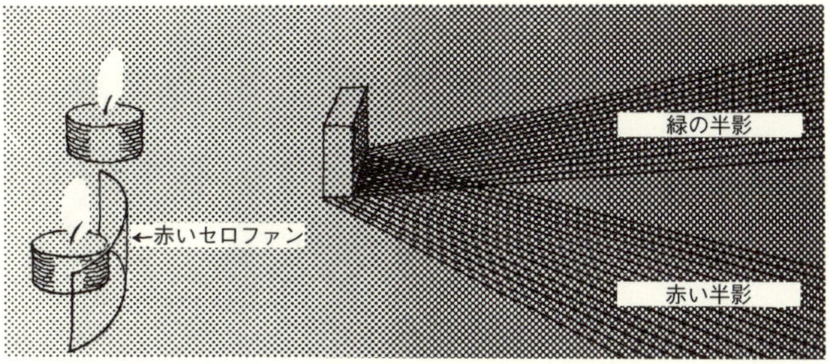

図59

虹のスペクトル

最後に、特殊な遊びを紹介しておきましょう。

露のしずくは、時折太陽の光を受けて多彩に輝きます。雨あがりの虹もまた、空気中の水滴が太陽の光を受けて生じる色彩です。

虹の7色を見る手段は、ほかにもあります。ローソクの炎をガラスのプリズムを通して見ると、赤、オレンジ色、黄色、緑、赤紫、青、紫の7色に見えます。もちろん7色の炎を見るためには、ローソクから2～3メートル離れて、両側がかなりの範囲で見通せるところに立ち、7色の炎が見えるまでプリズムを回転させる必要があります。最初はかなり根気がいります。

プリズムはアクリルガラス製のものでもよく、これは安く買えます。本物のガラス製のプリズムは色彩が美しく鮮やかに見えますが、高価なものです。

さて、このプリズムを通して周囲のほかのものを見てみましょう。明るさと暗さがぶつかるところではどこでも、色が生じます。十分に注意して見るならば、ローソクの炎には見られない新しい色、みごとな明るい青紫色が見えます。

部屋の中がすっかり暗くなったら、別の方法で7色の虹を見ることもできます。ローソクから約1メートル離れたところにプリズムを置き、その後ろの少し離れたところに白い紙を1枚、スクリーンとして配置します。すべてうまく配置できれば、白い紙に、淡い7色の虹が映ります。ただしこの紙は、影になっているところに置く必要があります。

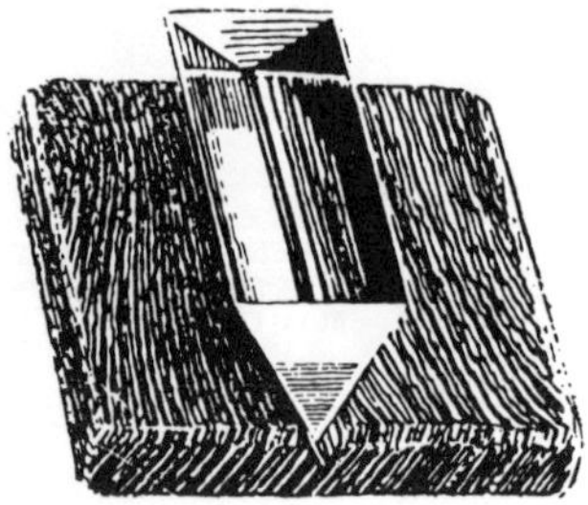

図60

昼間、太陽の光の中でも同じことができます。窓のしきいにプリズムを置いて、外の地面を見ると、そこに虹が見えます。適当な小さな架台を作って、プリズムを辺を軸に水平に置くと、窓と向かい合った壁に７色の虹が映ります（図 60）。この虹は、太陽が動くにつれて移動します。

太陽光線の遊び

太陽光線は目に見えないものですが、鏡を用意すれば、それで遊ぶことができます。しかしそれは、先生の顔に反射光をちらつかせたり、友人の目をくらますといった悪ふざけのことではありません。

鏡を使えば、直進する性質を持つ光でも、曲がらせることができるのです。たくさんの鏡を使えば、もっとたくさんの角を曲がらせることができます。

だから、地下倉庫の奥まで、優しい太陽の光を導くことができるのです。何もなければ、そういった場所に太陽の光は届きません。このとき、鏡を固定しても意味はありません。太陽は刻々、その位置を変えます。鏡をしっかり持って太陽光線を反射させ、次の鏡に導く。これはやってみると、ほんとうにおもしろいものです。

光線をいくつかの角で曲げるには、おのおのの角で誰かが鏡を持って立っていなければなりません。最後の場所に、さっき紹介したプリズムを置くのもいいでしょう。そうすれば、暗い場所で輝く虹を見ることができるのです。

あとがき

本書は、遊びについてのシリーズの一冊です。本書と前書『水と遊ぶ 空気と遊ぶ』は、いわゆる古代の４大エレメント（地・水・火・風）を利用した遊びに関心を起こさせることをねらいとしています。そうした遊びについて執筆するきっかけとなったのは、子どもたちが４大エレメントを身近に体験して素直に喜び、自発的に楽しんで遊び始める姿をこの眼で見てきたことです。

未来についての憂慮も、本書を執筆した理由のひとつです。現代の技術は賞賛に値する成果をあげていますが――私たち自身まだそれをきちんと学んではいないのですが――その《技術革新》をどこに適用するのが妥当であり、有効であるのかについては、ちゃんと心得ているべきであります。

パソコンを子ども部屋に置くのは決定的にまちがっています。パソコンは子どもたちの遊び道具になりますが、それは表面的なもので、子どもたちを現実から遠ざけてしまいます。そして結局子どもたちは、周囲の自然を利用した遊びに着手する術がまったくわからなくなります。

本書は決して技術に敵対するものではありません。むしろ、その逆です。ざっと見ただけでその仕組みがわかる簡単な技術が、いろいろと提示されています。初歩的な原理を思い起こし、４大エレメントが意識の中から失われないように、本書を役立てていただければと思います。

筆者を本書の執筆に駆り立てたもうひとつのものがあります。子どもたちに既製品の遊具を買い与えても、子どもたちのためにはなりません。子どもは、自分で克服できる範囲で何かをなし遂げようと努力しますし、その意欲もありますし、また、そうすべきでもあります。完成された高価な遊具をたくさん買い与えるのは、実に憂慮すべきことだと思われます。何でも買ってもらって、甘やかされている子どもは、あとになって我欲ばかりを押し通すようになるでしょう。

要求は、外界に課すのではなく、自分自身に課すものです。子どもたちがどのような遊具を用いてどのように遊んで育つかは、その子どもの人生にとって大事なことなのです。

前書ならびに本書のシリーズが、4つの自然力を利用した楽しい真剣な遊びに役立つことを願っています。

創造的ファンタジーは成長の源

子どもの持つ自然遊びの力は
のちに思考力へと変容していく

解説
高橋弘子

もう何年も前からです。大学の学生の雰囲気が変わってきた、静かに聞けない学生が多く、大講堂での講義が難しくなってきているという話を、大学の先生たちからよく聞くようになりました。つい先日は理工科と建築科の教官が、2人ともいぶかしい顔をして、どうも最近の学生さんには考え出す力、創造力が一般的に少なくなってきているようだ、なぜだろう、と言うのです。

そういえば、つい最近も、大変な国費をかけて作られた種子島の宇宙ロケットの打ち上げが三度も失敗してしまいました。今の日本の経済の繁栄を築いたソニー、ホンダなどの科学技術の華やかさはどうしたのでしょうか。戦中、戦後の学校もろくろくなく、野山で夢中になって遊び回った世代と、整備されきった文部省学校制度の中で、偏差値の点数にしばられた受験体制世代の違いと見るのは、うがちすぎでしょうか。

ルドルフ・シュタイナーは、幼児期の成長力としてのファンタジーが思考力となって転化し、思春期より思考力として開花してくると語っています。(『七歳までの人間教育』E・グルネリウス著／高橋巖・弘子訳、フレーベル館より「シュタイナーの講演と著作からの抜粋」参照)

ちょうど、目の前に種子をおき、それを四方から見ても、それがやがて若芽となり若葉をひらき、つぼみから美しい花が咲く、そのような未来の姿を見ることができません。しかしこの種子が、芽の時期、葉が茂る時期、つぼみと花の時期と、それぞれ形態が変容して成長していくように、人間の能力も、変容して成長していくのだ、と言うのです。このシュタイナーの形態変容《メタモルフォーゼ》の理論は、最近は色彩論で注目されてきているゲーテの、植物形態変性論に基づいています。(『人智学の死生観』ワルター・ビューラー著／中村英司訳、水声社)

幼少時より、カードを見せて文字を教え込んでいっても、思春期になっての知力、判断力にはつながらないのです。幼児期に早期の知的教育をするとかえって成長力が萎え、7歳までの大切な仕事である肉体の内臓諸器官の形態形成が健全には行われず、ひ弱な身体しか育たないと言うのです。

成長は7歳以降も続けられますが、後の成長はすべて7歳までに作りあげられた形態に基づいて行われ、もし7歳までにゆがんだ形態が作り出された場合には、ゆがんだままで成長していくと言うのです。

誕生以前の胎児は、直接物質界にさらされることなく、母親の胎内で発達し、月満ちて外界に生まれ落ちるのです。それと同じように、幼児は7歳までは生命成長力がみずみずしく保たれている環境で育つべきなのです。

幼児は全身が感覚器官なのです。自然が胎児のために母胎の環境をふさわしく整えるように、親や幼児教育者は幼児のために、健全に成長できるように、ふさわしい環境を整えなければならないのです。物質的な環境だけではなく、まわりにいる大人の感情、考えまで、幼児はスポンジのように吸い込み、人格だけではなく、身体の形成にまでも影響を受けていきます。

その最も極端な例は、『狼に育てられた子ども』（T・A・レシング著／中野善達・清水知子訳、福村出版）に報告されている2人の女の子たちでしょう。1920年にプロテスタント牧師シングによって発見された当時は推定2歳と8歳でしたが、切歯は普通の人間よりも長くとがっており、口腔は血のような赤い色をしていました。彼女たちは地面にうずくまることはできましたが、立つことはできませんでした。膝と股の関節は立てるような構造には発達していなかったのです。この恐ろしい実例は、幼児期の印象が魂だけではなく、肉体的にも刻印づけられることを示しています。

数年前のこと、何とか幼稚園に入れてはもらえないかと、ていねいに人を介して入園を希望してきた３歳のＡ君という子どもがいました。ご両親が連れてきたのですが、あっという間に風のようにどこかへとんでいき、遠いどこからか、言葉にならないキーという甲高い声が聞こえてくるのでした。

保育室に入ってもじっとしていることができません。お友だちが遊んでいるのを邪魔し、整理してあるものはすべてこわしていくだけでした。言葉かけもできないのです。顔色も青く、とてもやせていました。典型的な、今言われているＡ・Ｄ・Ｄ多動症（集中力障害多動症）でした。

何をどうしたらよいのか、すべてが徒労という一年でしたが、それでも少しずつ、落ち着いて保育室にいられるようになってきました。私になついてくるようになったのです。どこかへ行っていたのが、小鳥のようにとんできて、私にすり寄ってくると、またどこかへ行ってしまいます。

そして、一年たってしばらくした頃でした。１人で椅子に座って、向こうに椅子をおき、毛糸のひもをピーンと張って「ロープウェイ」とつぶやいたのです。私は本当にうれしくなりました。ファンタジーが出てきたなと。彼は意味のあるファンタジーを持てるようになったのです。きっとお父さんと那須山に登り、ロープウェイに乗ったのでしょう。

私が遊具の、毛糸の靴下で作った馬の首のほころびをなおしていたら、寄ってきてじっと見ているので、「お馬さん、お怪我したからお医者さんよ、なおしてあげています」と言いました。すると、彼もさせてと言うので、毛糸を通した太い毛糸針を渡したら、一生懸命針を動かしていました。しかし、たんこぶを作るのはいやと言い、すーっと糸を抜いてしまうのです。翌日も、その翌日も、私のところへ来ては「おうまのしゅじゅつ、おうまのしゅじゅつ」と言うのです。もうそういう言葉が出るようになったのです。

クラスの他の子どもたちがしているのを見て、彼も刺繍をするようになりましたが、不思議なのは、刺繍の形をとどめるのはいやで、いつも針を通すだけなのです。形にすることに対する一切の反感があるようでした。水彩お絵かきも全然しようとはしませんでした。

ある時、クラスではガラガラドンという３匹の小ヤギのお話をしていました。そしてそのテーブル人形劇を毎日するのですが、もちろん彼はいつものように背を向けて、１人で何かしていました。

その直後のこと、自由遊びの時に、Ａ君は椅子を２つ並べて橋を作り、その間に水色の布を敷いて川にして遊びだしました。そういうファンタジーで遊びだすと、そこにお友だちも仲間に入れてと集まってきて、どうやらお友だちとも遊びだしたのです。でも遊びはいつも彼が仕切っていて、「おばけはいないんだ」と言うのです。私はびっくりしました。Ａ君の心の中には、ガラガラドンのお話に出てくるお化けのはっきりしたイメージがあるのです。全然お話も聞こうとせず、人形劇も見ていないのに、彼は保育室で行われているすべてを、やっぱり受け入れていたのです。手遊びも、ライゲン（輪になって踊るお遊戯）も、オイリュトミーも、２年間まったくしようとしませんでした。でも、遊びの節々にその影響が見られるのでした。

そうして、彼は他の子どもたちと同じように、だんだんとよい遊びを考えつき、何人かと遊べるようになって、言葉も出るようになりました。

今ではよい小学生で、2年生の時、作文が新聞にのったといって、お母さんが見せに来てくれました。幼稚園中、感動して喜びました。彼らしい作文で、短い文章でしたが、しっかりと筋道の通った文章でした。小学校に行ってからも、オイリュトミーと水彩お絵かきと、お話の学童クラスに来てくれて、その成長ぶりには驚くほどのものがあります。身体もしっかりとして大きくなり、血色もよく、むしろ太ってきました。

なぜ3歳の頃、ああだったのか、信じられないのですが、お母さんがとても気のつく、気の強い方で、しつけも厳しく、いつも強い口調で叱っていました。遠くから来たお嫁さんで、2階に同居していたおじいちゃん、おばあちゃんにいつも気をつかっていたのでしょう。そしてA君があまりにも繊細な神経を持っているので混乱してしまったのではないでしょうか。

もちろん、テレビもたっぷり見ていました。少しずつまともになりだしたのは、私が必死になってテレビを見せないようにお願いして、家中の協力で見なくなってからです。幼稚園でよい遊びをたくさんしたので、彼はきっと中学生くらいになってから本領を発揮して、考え深いよい生徒に成長してくれるでしょう。

ルドルフ・シュタイナーが、シュタイナー学校創設に際して教師たちに講義した『教育の基礎としての一般人間学』（高橋巖訳、筑摩書房）第2講に、次のような対称の図式があります。

血液 ←

意志	共感	想像力《ファンタジー》	形象作用《イマジネーション》
認識	五感	記 憶	概 念

→ 神経

ルドルフ・シュタイナーは、よく対称的に極を対比させます。教科と学習のプロセスとして、血液に働きかける系譜と神経に働きかける系譜をあげており、この２つは年齢に応じて両方ともバランスよく働きかけられねばならないとしています。幼児期には、むしろ意志へと向かう血液系が主となっていけば、共感の豊かな、行動の伴う創造的ファンタジーを基調とした人格が形成されますが、往々にして早期知育により、神経系の系譜が主流となるとき、反感と攻撃性、環境不適応、顔色の青ざめた神経質な人格の基礎が築かれるとされています。

Ａ君ははじめての子どもで、お母さんが一生懸命よい子どもにしようと口で言い、頭で認識させたのでしょう。その結果、五感ばかりがつのって、顔色は青ざめ、神経的で、刺繍も水彩お絵かきも、形にするものは一切拒否だったのでしょう。今では力強く素晴らしい色使いで水彩絵を喜んで描き、気持ちもとても優しく、共感に満ちあふれています。

自然遊びシリーズⅠ『水と遊ぶ 空気と遊ぶ』の巻末解説にも書きましたように、感覚体験は意志の系譜なのです。自分がまわりの環境に対して自由に、大人の口の介入なしに、感覚を働かせて知覚しているとき、共感がいっぱい身体にみなぎり、いろいろ想像力・ファンタジーが湧いてきます。そしてそれは行為へと結びつくイマジネーションとなるのです。

ルドルフ・シュタイナーは、ダーウィンやヘッケルの進化論を肯定するのですが、それは人間の精神性を認めない唯物論的進化論であり、人間を動物界に引き寄せてしまったと言います。人類は壮大な意識の変遷を経て現在に至っているのであり、一人ひとりの個体はそれぞれ太古の夢意識、神話時代、中世を経て、現代の意識に成長するというのです。

ギリシャ時代は、神話のファンタジーが輝いた時代であり、同時に哲学的思考が人類に始まった時代でした。幼児は夢意識の古代人であり、それ故にこそ、メルヘンを語ってあげなければならないのです。子どもが、今どの意識状態にあるかを見きわめ、それに対応する教育環境を与えて、自ら成長していけるように取りはからってあげなければならないのです。

教育はすべて自己教育であってこそ、実を結ぶのです。させる保育、させる教育は、いたずらに子どもの反感をそそるだけなのです。不必要な干渉は、子どもを混乱させるだけなのです。特に少子化にともなう問題が顕著な現代、私たちはこの点をしっかりとわきまえていなければならないのです。

教育環境の大切な要素は、人間です。模倣できる人間、接触できる人間がいなければなりません。家庭で、保育室で、手仕事をしている人間がいないと、子どもは正常に発育しません。そしてその手仕事も、手順を明確に考え抜かれたよい仕事でなければなりません。
「子どもの周囲に不明晰な思考による混乱を起こすことこそ、現代人の神経過敏の元凶である。」（ルドルフ・シュタイナー、1923年8月10

日の講演より）

現代は先の見えない時代です。どんな状況に出くわしても、生産的に、困難に向かっていけるたくましい生きる心の力こそ、幼児期から育てられなければならない能力でありましょう。それが想像力・ファンタジーの力なのです。他人の敷いたレールの上のみ歩いていくのでは、着想や独創性に欠け、新しいものを生み出すことはできないのです。

ルドルフ・シュタイナーは、人間の魂はその内奥に創造的ファンタジーの力を秘めており、その力は、存在するものすべてを超え、自己活動を通して生成しつつあるものと結びつくことができる、と言うのです。それは自然界に内在する成長力でもあり、7歳までに肉体の内臓諸器官の形態を形成する成長力でもあります。それは彫刻家であり、肉体の形態を築きあげたとき、歯が生え替わり、学齢期に達するのです。ファンタジーの力がここで肉体よりとき放たれ、自由に記憶することもできるようになるのです。心を育てる力になっていくのです。

幼児とかかわりを持っているお母さんや幼稚園の教師なら体験していることですが、子どもたちの遊んだあとの情景は、嵐のあとの林の落葉、折れた枝の散らばりとよく似ています。大人が作った遊びの風景とはどこか違うのです。生き生きとした生命力のみなぎりが感じられるのです。

それは、大人の手を加えない幼児の絵にも見られます。グルグル描く幼児のなぐりがきにも、生命の息吹が感じられます。太古の創造力宇宙の生成の力の謎に満ちた痕跡が、子どもが無意識に描いていくなぐりがきにも見られるのです。もちろん、テレビやテレビゲーム、ぬり絵に毒されている場合にはありませんが、子どもの絵は、人間の内奥に潜み、人体を形成する創造的ファンタジーの生命力がほとばしり出ており、子どもが描く絵によって私たち大人は成長のプロセスをうかがい知ることができるのです。幼児の絵と、古代の芸術や文化との間に共通点が見られるのは本当に不思議なのです。

そうしてグルグル渦巻きか、縦や横の線しか描けなかったのが、3歳頃になって、ある日突然、円が閉じ、わたしと言えるようになるのです。絵と意識の発達に一致が見られるのです。ルドルフ・シュタイナーの示唆により、子どもの絵をまとめ、素晴らしい子どもの絵画論が、日本にも紹介されています。(『子どもの絵ことば』ミヒャエラ・シュトラウス著／高橋明男訳、水声社)

付録として、人間学についての覚え書きが、生物学者ヴォルフガング・シャート氏によって書かれていますが、教育に何が大切なのか、考えさせられる貴重な文献の1つです。

東洋にも、エレメントの思想があり、地・水・火・風・空《くう》の基本的考えがありますが、ギリシャ以来の医学、自然科学には地・水・風・火の四大エレメントの考えがありました。ルドルフ・シュタイナーはこの考えを取り上げ、人間を4つのタイプにわけ、それぞれの気質(地のエレメントがたくさんある憂うつ質、水のエレメントの多い粘液質、風のエレメントの多い多血質、火のエレメントの多い胆汁質)を教育にも応用し、指導するよう提言しました。人体の中にも、自然界と同じようにこのエレメントがあるのです。

自然は創造的ファンタジーの生命力に満ちあふれています。私たち人間は、生命の息吹を自然よりいただくのです。

機械文明が進行し、自然も危機にひんし、生命力が希薄になりつつある今の時代に、『親子で楽しむ手づくりおもちゃ』(フライヤ・ヤフケ著／高橋弘子訳、地湧社）についで、この２冊の自然遊びシリーズが刊行されることは、本当に意義あることと思います。

少しでも多くの子どもたちが、自然に親しみ、自らの創造的ファンタジーを高め、未来の社会が新しく創造的に形成されていきますように。

この書を出版してくださる地湧社の増田正雄社長に心から御礼を申し上げたいと思います。

2000年4月 鎌倉にて

[シュタイナー教育参考文献]

『日本のシュタイナー幼稚園』
高橋弘子著 [水声社]
『シュタイナー幼稚園のうた』
R・シュタイナー研究所／高橋弘子編 [フレーベル館]
『幼児のためのメルヘン』
——シュタイナー幼稚園の教材集Ｉ S・ケーニッヒ編著／高橋弘子訳 [冬芽社]
『親子で楽しむ手づくりおもちゃ』
——シュタイナー幼稚園の教材集II F・ヤフケ著／高橋弘子訳 [地湧社]
『幼児のための人形劇』
——シュタイナー幼稚園の教材集III F・ヤフケ著／高橋弘子訳 [フレーベル館]
『自由への教育』
R・シュタイナー学校連盟編 [R・シュタイナー研究所]
『メルヘン論』
R・シュタイナー著／高橋弘子訳 [水声社]
『ルドルフ・シュタイナーの人間観と教育法』
広瀬俊雄著 [ミネルヴァ書房]
『魂の保護を求める子どもたち』
T・ヴァイス著／高橋明男訳 [水声社]
『R・シュタイナーと人智学』
F・カルルグレン著／高橋明男訳 [水声社]
『シュタイナー教育の創造性』
R・ケリドー著／佐々木正人訳 [小学館]
『思春期の危機をのりこえる』
——シュタイナー教育の実践的十代論 B・ステイリー著／高橋明男訳 [小学館]

【問い合わせ先】
ルドルフ・シュタイナー研究所
〒248-0016 鎌倉市長谷 2-1-3
電話 0467-22-7075 FAX 0467-22-7074

◆著者紹介

ヴァルター・クラウル（Walter Kraul）

1926年、ミュンヘン生まれ。兵役従事ののち、1946年、物理学、数学を専攻、その時、ルドルフ・シュタイナーの思想に出会う。ヴェンデルシュタイン天文観測所での一年間の学術研究ののち、公立高校教師を一年務める。その後、シュトゥットガルトのシュタイナー学校教員養成所入学、1953年よりミュンヘンのシュタイナー学校の教師となる。高校の物理学、数学教師を務め、クラス担任となる。のちに、南ドイツとオーストリアのシュタイナー学校ならびに外国でのゼミナール指導に従事している。

◆訳者紹介

高橋弘子（たかはし ひろこ）

東京生まれ。1957年、慶應義塾大学文学部卒業。1957～59年、ミュンヘン大学留学。1964～66年、シュトゥットガルト、キリスト者共同体プリースター・ゼミナール留学。1971年ルドルフ・シュタイナー研究所を設立。1976年、シュタイナーの幼児教育研究のため、シュトゥットガルトに留学。1977年より学校法人・那須みふじ幼稚園理事長・園長として幼児教育に従事。また、シュタイナー幼稚園の教員養成ならびに一般の父母のための啓蒙活動を行っている。著書に『日本のシュタイナー幼稚園』（水声社）、訳書に『親子で楽しむ手づくりおもちゃ』（地湧社）などがある。

◆編集・デザイン協力

有限会社ワードクロス

◆装幀

小山忠男

大地《だいち》と遊《あそ》ぶ 火《ひ》と遊《あそ》ぶ——シュタイナー学校の自然遊びシリーズⅡ

2000年4月30日　初版発行

著　者　ヴァルター・クラウル
訳　者　高　橋　弘　子©
発行者　増　田　正　雄
発行所　株式会社 地《ち》 湧《ゆう》 社
東京都千代田区神田東松下町12–1（〒101–0042）
電話番号 03–3258–1251
郵便振替 00120–5–36341

印　刷　半七写真印刷工業株式会社
製　本　小高製本

万一乱丁または落丁の場合には、送料小社負担にてお取り替えいたします
ISBN4–88503–152–4 C0037

地湧社の月刊誌「湧」をぜひお読みください。

月刊【湧】

A5判一六頁／直接定期購読制

年間購読料一八四〇円（税・送料込）

これまで地湧社から出版された本、また、これから刊行される本のテーマを独自の切り口で読者の皆様にお届けします。さらに各種催し物をいちはやくご案内いたします。　◆見本誌差し上げます。

◇お申し込み方法

郵便振替（口座・00120-5-36341）か現金書留にて年間購読料をお送りください。

地《ち》湧《ゆう》社

◇書籍のお求めは……

◆ご注文はなるべくお近くの書店へお願いいたします。

◆直接小社にご注文の場合は、著者名・書名・冊数及びご住所・お名前を明記の上、本体価格に消費税と発送手数料を加えてご送金ください。

◆発送手数料（一九九八年八月一日改定）は、本体価格合計が三〇〇〇円未満の場合は三五〇円、三〇〇〇円以上五〇〇〇円未満は四〇〇円、そして五〇〇〇円以上一〇〇〇〇円未満は四五〇円です。

◆本目録に表示された定価は、二〇〇〇年四月現在のものです。諸般の事情により、今後定価が変わることもあります。ご了承ください。

〒101-0042　東京都千代田区神田東松下町十二-一
☎03-3258-1251／FAX03-3258-7564
URL:http://www.jiyusha.co.jp

自然流育児のすすめ
小児科医からのアドバイス

真弓定夫◎現代の生活環境の中で健康な子を育てるために、投薬や注射をせず、まず子どもの体に自然を取り戻す方法をアドバイスするユニークな小児科医の子育て助言集。 **▼本体１２００円＋税／四六判並製**

自然流生活のすすめ
小児科医からのアドバイス2

真弓定夫◎子どもが育つ自然環境の四つの要素＝水・大気・土・火について、環境汚染の現状を考えながら、一人一人の体への影響をやさしく解説し、生活の見直しを提案する。 **▼本体１２６２円＋税／四六判並製**

自然流食育のすすめ
小児科医からのアドバイス3

真弓定夫◎小児成人病やアレルギー疾患、情緒の不安定な子どもが増えている今、何をどう食べさせればよいのか、日本の風土や古くからの食文化の知恵を取り入れながら提案する。 **▼本体１３００円＋税／四六判並製**

食べもので若返り、元気で百歳

中嶋常允◎ミネラルバランスのとれた本物野菜はおいしい。土がよみがえり野菜がよみがえるとき、私たちの体の免疫力が高まり髪や肌や頭の働きがよみがえる。そして地球が喜ぶ。 **▼本体１２００円＋税／Ｂ５判並製**

土からの教育
クマさんの養生説法

竹熊宜孝◎生命を育む安全な食べ物作り、病気にならないための養生作戦を繰り広げる百姓医者クマさんが、万人に向けてやさしく具体的に語った養生説法集。 **▼本体１０００円＋税／四六判並製**

「観」を育てる
行きづまらない教育

和田重宏◎「観」とは全体を見通せる、行きづまらないですむ力。二〇年以上子どもたちと生活を共にして寄宿教育を続けてきた著者が、その実践から掴み取ってきた新しい教育論。 **▼本体１６００円＋税／四六判上製**

宇宙のリズムで暮らしたい

吉丸房江◎現代の情報の洪水の中で、私たちが頼れるのは、自然の秩序、宇宙のリズム。健康道場を主宰する著者が、毎日毎日をいきいきと健康に暮らす秘訣をわかりやすく語る。 **▼本体１６００円＋税／四六判上製**

もういいよ
人格と魂が結ばれるとき

神かつ子◎今、家庭や学校、社会全体を揺るがせている様々な出来事は、魂の目覚めを促すためのもの。この世を生きる人格と、宇宙と直接つながる魂が再び結ばれる新しい時代の書。 **▼本体１５００円＋税／四六判並製**

いのちの未来のために

親子で楽しむ 手づくりおもちゃ シュタイナー幼稚園の教材集より

フライヤ・ヤフケ／高橋弘子訳◎幼稚園期の子どもに大切なおもちゃとは何か。布や羊毛、木や砂を用いた様々な人形や衣装、積み木など親と子をつなぐおもちゃの作り方を解説。▼本体1500円＋税／A5変型判上製

◇シュタイナー学校の自然遊びシリーズⅠ・Ⅱ
ヴァルター・クラウル／高橋弘子訳

水と遊ぶ 空気と遊ぶ

◎水と空気を利用した遊びに使える簡単な道具から少し手の込んだ道具の作り方までわかりやすくイラストをまじえて紹介。水車、小舟、風車、凧の作り方など。

大地と遊ぶ 火と遊ぶ

◎子どもたちがどんな遊具を用いてどう遊んで育つかは、その子どもの人生にとって大切なこと。どの遊具も重力や土、火などの自然の要素に私たちを誘い込んでくれる。▼本体各1600円＋税／A5判上製

自然に産みたい 5人の子供を自宅出産した記録

橋本知亜季◎医者にも助産婦にも頼らず、自分の体と心の声を聞きながらの出産体験。山奥の開拓生活と共に進行した五人五様の妊娠、出産、子育てを生き生きと語る。▼本体1200円＋税／四六判並製

生まれる瞬間

片桐弘子◎水中で行なわれた自然出産の一部始終を写真とともに紹介しながら、いのちが本来備えている巧妙な仕組みのすばらしさと、自然出産が呼び起こす深い感動を語る。▼本体1500円＋税／A5変型判上製

母乳哺育のすすめ

小林美智子◎母乳哺育は育児の出発点。自ら五人の子どもを母乳で育てた小児科医師が、母乳哺育の大切さや誰にでも可能な実践法を、桶谷式乳房治療手技を紹介しながら語る。▼本体1200円＋税／四六判並製

私の母乳育児 43人の母親による体験記

原田由紀枝編／山西みな子解説◎母乳で育て続けるための大小の知恵が余すところなく語られた本書は、母親たちから母親たちへのメッセージ。巻末に授乳法などの解説付。▼本体1400円＋税／四六判並製

いのちを育む本【子育て】

「地湧」とは

私たちを育んできた大自然の中で、自然と人、社会と人、人と人が触れあう環境が、次第に生命を亡ぼす方向に進んでいることは、誰の目にも明らかです。いま、人間の手で加工し尽くされた現代文明の下で、人々は疲れ切っています。この人々が甦るには、汲み置きの水ではなく、地から湧きたての生きた水が必要なのです。そして、これを呼び水として励まし合い、ついには自らの井戸を掘り当て、人間には想像以上の深いいのちの智慧があるのだと気づくことができたら、どんなにすばらしいことでしょう。

この姿を象徴して「地湧」という名が生まれました。